JN108244

夏はヒンヤリ 冬はぽかぽか

健康住宅株式会社
代表取締役
畑中直

PHP研究所

はじめに

住宅会社の競争力は、どこにあるのでしょうか。

どんな家を建ててくれるのか。どれだけ安く提供してくれるのか。

もちろん、それらは大きな要素です。しかし、いかに設備やデザインが豪華で素晴らしくても、その素晴らしさが一気に色あせてしまうことがあります。

「何」を建てるのかは大事ですが「誰」が建てるのか……住宅会社には今、そこが問われているのではないかと思います。

家は一つの「物体」ですが、決して、単なる「物」ではありません。

建物の「構造材」だけではなく、そこにお住まいになるご家族の「やすらぎ」や「くつろぎ」、あるいは「穏やかな笑顔」など、すべてが含まれた「空気感」を総称して『家』と呼ぶのだと思います。

そんな『家』を、お客様は何年も何十年もかけてこつこつと貯めてきた預金を解約し、普通はその預金だけではお金が足りませんから、足りないお金を工面するために、ご自分の生命保険を担保に「自分が死んだら、借りたお金はこの保険金で返済します」と銀行に約束して多額の住宅ローンを組み……つまり、ご自分の命を担保にしてまで『家』を手に入れようとします。

なぜでしょうか？

お客様の本当の目的は「家を建てること」ではないからです。

本当の目的は「家族が仲よく穏やかで、人生を楽しく豊かに生きること」です。その夢を実現するために大きな決断をして「家を建てる」のです。

その切ない思いを胸に、私たちは人生を懸けて家づくりに取り組みたい……心より、そう思います。


私が住宅会社の社長になった平成10年（１９９８年）頃、当時の住宅業界を眺めてみると、そんな意味での競争力を持った住宅会社は簡単には見当たりませんでした。

お客様の真の思いに寄り添って、「いい家」を建てるためには、まず「いい会社」でなければならない……。

いい会社であるためには、私たち社員はもちろんですが、パートの皆さんも、そして現場で働く職人さんたちも「いい人」でなくてはならない……。

そして、完成した『家』は体感的に「心地よく」、そして心から「ホッとできる」空間でないといけない……。

当時の私は、漠然とそんなことを考えていました。

本書は、そんな理想を求めて我が社が取り組んできたこと、あるいは今、取り組んでいることを、「いい人づくり」と「高性能住宅」の2つの視点から述べてみました。家を建てようと計画している方だけではなく、家づくりに従事する多くの皆さんにも、何か参考になることがあればいいなぁなどと期待しながら筆を進めたいと思います。

お付き合いいただければ幸甚です。

畑中 直

夏はヒンヤリ冬はぽかぽか
「高性能住宅」9つのこだわり

目次

第1章 「いい人づくり」

第2章 住宅会社の「お・も・て・な・し」

第3章 「高性能住宅」に欠かせない9つのこだわり

第4章 ご入居後に始まる本当のお付き合い

エピローグ

GOOD COMPANY with GOOD PEOPLE

プロローグ

「いい人」がつくる「高性能住宅」

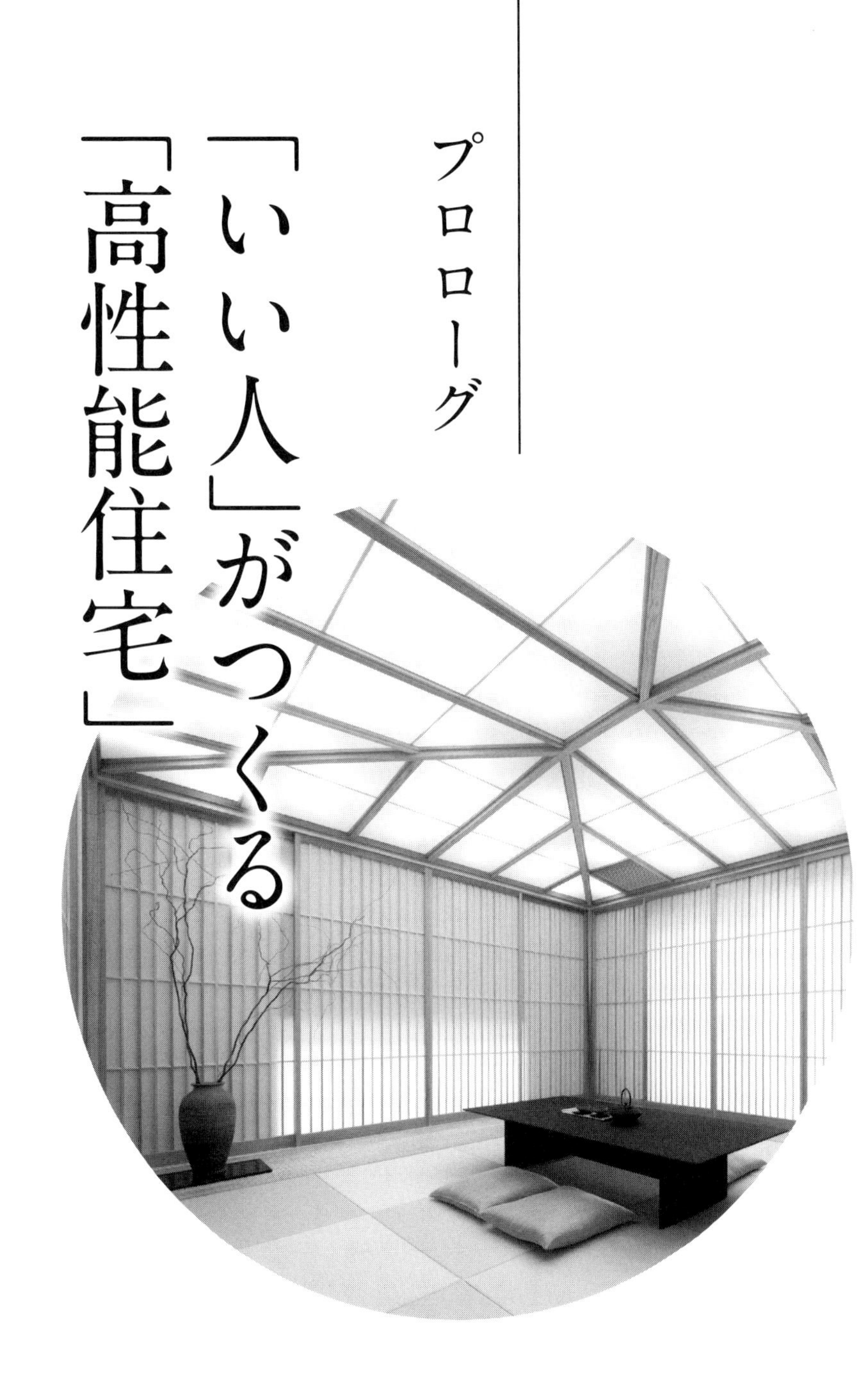

軌跡……

話は、いきなり四十数年前にさかのぼります。

福岡から、西鉄ライオンズというプロ野球球団と、路面電車がなくなってしまった頃の話です。

高校時代の私は、大きな障がいのある弟がいたこともあって、なんとなく将来は社会福祉の道に進むことを考えていました。いずれ日本も、北欧諸国に負けない「社会福祉大国」になるはずだ。そんな思いもあってその道に進もうとしたのですが、これが実は、想像とはまったく違う世界でした。

大学では当然のように文学部に進み、社会福祉を専攻したのですが、実際に入学してみると、なんと、50～60名いた同級生たちのほとんどが、実は「すべり止め」でこの学科に入学してきた人たちばかりでした。肩を落とす多くの同級生の中で、社会福祉を目指して入学してきたのは私以外にほんの数人しかいませんでした。

そして勉強をするうちにわかってきたのですが、当時はほとんどまともな就職口もなく、国の予算を見ても「社会福祉大国」とは程遠い水準のままでした。

この道で生きていこうと思ったら、一生懸命勉強して研究者として大学に残るか、あるいは自分の収入と自分の家族を犠牲にして、ボランティア的な職業に没頭するしか道はなかったのです。

そして私には、大学で研究を続ける向学心も、そんな気高い職業に身を投じる勇気もなく、社会福祉の世界で生きていこうという夢はいつの間にかしぼんでしまいました。

「幸せにするのは病気の弟一人で十分」

「彼を幸せにするためにはお金に困るわけにはいかない」

「地元福岡に戻って父親の後を継げば、とりあえずお金には困らない」

会社経営の苦しさなど想像もせず、安直に、なんとなく福岡に帰る決心を固めたのでした。

その当時、福岡で父親が経営していた住宅会社は、1969年（昭和44年）創業の、地元ではある程度名の通った会社で、その頃はもっぱら土地付きの建て売り住宅を手がけていました。

大学を出たら会社を継ぐという私の決心を知った父親は、おおいに張り切りました。建て売り住宅だけではなくマンション分譲も手がけ始め、景気の拡大と歩調を合わせるかのように、会社もみるみる業績を伸ばし、いつの間にか売り上げが１００億円に届こうかというところまで拡大していきました。

私は当時、父の言葉に従い、大学卒業後は全国規模のマンション分譲会社に就職し、そこで4~5年、マンション事業のノウハウを学び、修業を積んでから地元の福岡に戻る、という計画を立てました。

１９８３年（昭和58年）春。大学卒業と同時に、私はある大手のマンション分譲メーカーに就職しました。ところが……。

我々大卒の新入社員のほとんどは、そのマンションメーカーの営業部に配属されました。しかし、私の配属された営業部の仕事はなんと、来る日も来る日も、毎日チラシ配りばかりでした。

朝出社すると、大量の売り出しチラシが新入社員それぞれに手渡されます。それを全員で、１００円ライターの背を使って折りたたみ、それぞれ用意された紙袋にぎっしりと詰め込みます。紐が手に食い込むほど重い紙袋を2つ完成させ、車に乗せられて、場所も名前も知らない、高層住宅が建ち並ぶ団地に連れて行かれます。そこで夕刻までチラシの投げ込み（ポスティング）をするのです。

チラシを配っても配っても、電話の一本かかってくるわけでもなく「大学を出て、なんでこんなことを……」と、ほとんど投げやりな毎日が続きました。

しかし、チラシ配りであっても、真面目に「これも一人前になるための修業だ」と、歯を食いしばってやるのであれば、まだ救われたかもしれません。実際には、もっとひどい現実が待ち受けていました。

7月のある日、いつものように、両手の重い紙袋を引きずるようにして大きな団地に到着したときのことです。

先輩社員が、私たちをその団地の焼却炉に連れて行き、

「ここに捨てていいよ、今日はこれで解散。お疲れ様」

というひと言を残し、無造作にチラシを投げ捨て、私たちを振り返ることもなく、無表情のままその場を立ち去りました。

取り残された私たちは、お互いに顔を見合わせ立ち尽くし、数分後には、全員、紙袋の中にびっしり詰まったチラシを、その焼却炉に投げ込んでいました。

次の日から、各自、その日の朝折った膨大な量のチラシを持って焼却炉に直行し、投げ捨てた後、みんな揃って空の紙袋を片手に待ち合わせの喫茶店に戻り、社長や役員たちの悪口を言いながら時間をつぶし、終業時刻が過ぎる頃、疲れたふりをして会社に戻る……。そんなことが毎日繰り返されました。

そこには、「営業マンは、サボって鋭気を養うことも仕事なんだよ」などとうそぶく先輩たちに異を唱えるほどの気概もなく、周りに流されっぱなしの、だらしない自分がいました。

今思えば、一日中サボっていた私の預金口座にも、給料日にはきちんとお給料が振り込まれていたのです。まさに顔から火が出る思い、とはこのことです。

とても人のことはいえませんが、案外、世の中の多くのサラリーマンたちは、今もこうやって平気で人生の貴重な時間を浪費しているのかもしれません……。

一部のトップセールスマンの華やかな表情の裏側には、そんないい加減な人たちが数多く入り交じっているのが当時の住宅業界の実態でした。

最初は、4~5年修業するつもりで意気込んで入社した私でしたが、傷心のうちに早々と退職し、福岡に帰ることになりました。

これがわずか、一年足らずの東京でのサラリーマン経験です。

帰郷

父親が経営していたのは、いわゆる地域デベロッパー（宅地開発業者）です。地元福岡の住宅会社でしたが、今思えば注文建築をメインにやりたくても大手ハウスメーカーとの競争には勝てず、仕方なくリスク覚悟で土地の仕入れをし、建て売りや建築条件付き宅地分譲（建物の魅力ではなく、土地の魅力で売り上げを伸ばす業態）をやっていたというのが正直なところです。

それでも私が入社した時期は、景気は常に右肩上がりでした。福岡市を中心に土地付き分譲住宅の販売は非常に順調で、そのうちバブル経済に突入し、ピーク時は1年間で一戸建て分譲130戸、マンション分譲200戸程度の業績を上げるまでになっていました。

当時の父親の会社は、かなり強烈な営業会社でした。販売する住宅は、30〜40坪の土地に20〜30坪の住宅を建築し、総額2500万円前後の建て売り住宅が主だったのですが、事前に土地を仕入れるわけですから、当然、土地を仕入れた瞬間から金利がついてまわります。在庫期間が長引けば、金利負担が増え、売れ残れば劣化が進み、値引きして叩き売るようなことになってしまいます。ですから、夜討ち朝駆けなどは当たり前で、

「とにかく、お客様を騙してでも、売ってくるのが営業マンだ……」

式の、軍隊のような営業を展開していました。

立ち尽くしたあの日

父の会社での私の仕事は、毎日、朝から飛び込み営業でした。

玄関先で罵声（ばせい）を浴びせられることなど日常茶飯事で、ご契約をいただいたら、なんとか引き渡して、それでおしまい。

お客様に家をご提供することの意味など何も考えず、お施主様の思いなど頭の片隅にもなく、ただただ契約を取るために辛い仕事に取り組んでいました。

当時は本当に仕事が辛い……と感じていましたし、仕事は辛いのが当たり前、それが世の中の常識だと、何も疑ってはいませんでした。

お客様が引き渡し後にどのような暮らしをされるかなど、会話にも出てきませんで

したし、やりがいなんて、何も感じません。

ところが、バブル崩壊の足音がひたひたと近づいていた1990年の夏、「その日」を迎えます。


長友さんというお客様でした。

その前日、私は新築お引き渡しのために長友さんご夫婦とお会いし、何事もなくひと仕事が終わったことに安堵していました。

正直、いつもの気持ち以上の感情はありませんでしたし、引き渡しが終われば仕事も終わり。次の営業にかかればすっかり忘れてしまうはずでした。

ところが翌日、私は偶然、不思議な光景を目にしました。

私はその日も成果が上がらず、そろそろ会社へ戻ろうかとぼんやり車を運転していました。夜の8時を過ぎた頃、とある駅にさしかかったとき、改札を出てきた長友さん（ご主人）に気づきました。

長友さんは、ちょうど会社から帰られるところでした。新しい家は、そこから歩いて10分もかからないところにあります。私は、車を停め、ハザードを点けて飛び出しました。

「長友さん！」

そう声をかけようとした瞬間、私のゆるんだ顔は固まってしまいました。あまりにも衝撃的だったからです。

駅から出て歩いている長友さんの顔は、なんともいえない、いい顔でした。それは、男っぽいとか、爽やかとか、そんなものではまったくありません。嬉しくて楽しくて、今にも声を上げて笑いだしそうな顔だったのです。ある一点を見つめて笑いかけているような表情でした。

表情だけではありません。

足取りは今にもスキップを始めそうなほど軽く、上半身がフラフラと前方に傾いて足が追いつかないような歩き方でした。まるで「変なおじさん」でした……。

その長友さんの「異様な様子」を見てビックリして、そして次の瞬間、心からその理由を理解したのは、周囲の雑踏の中で私ただ一人でした。

その日は、長友さんが、お引き渡しを受けた翌日でした。つまり、朝「我が家」から仕事に出かけ、その日の夜、まさに「我が家」への初めての帰り道だったのです。

長友さんは念願かなって新築した我が家に早く帰りたくて、早く奥様に「お帰りなさい！」と言ってもらいたくて、「そんなふうに」なってしまっていたのだと直感的にわかりました。

おそらくご本人も、自分が「そんなふうに」なっていることに気づいていなかったと思います。

私は小さく「長友さん……」とつぶやいたような気がします。

ご挨拶することなど頭から飛んでいました。

心の底に、得体の知れない感情があとからあとから湧き上がってきて、本当に涙が出てきました。私はその場に立ち尽くし、長友さんの姿が見えなくなってもそのまましばらく一人で息を殺していました。

この仕事に自分の人生を懸ける！

私はふわふわと浮かんでいるような長友さんを目の当たりにしたとき、自分がいかに素晴らしい仕事に就いているのかを思い知りました。

私はそれまで、辛いけれど仕方なく頑張っていた自分の仕事を、一生の天職として高めていきたいと、その瞬間、直感的に決心したような気がします。

家は高額で、その人の一生の財産となります。

しかし、それはただ単に代金を工面して、単純に家という「モノ」を手に入れる行為ではないのです。

新しく家を建てる人は、新築した家で過ごす自分たち家族の人生を思い描いていきます。

自分たちの夢が、家を建てたら実現できるかもしれない……。

そこで思い描かれる夢は、どんな人生でしょうか。

「家族が仲よく、穏やかで、それぞれがその人生を楽しく、そして豊かに全うする」

お客様は、家そのものが欲しいのではなく、ご家族の幸せが欲しいのです。

お客様にとって大切なのは、家という「物体」ではなく、目に見えない、しかしそれぞれの家族の心にしっかりと形作られている「切ない思い」です。

私はあの日の長友さんを見て、そのことを確信しました。
であれば、お客様に『家』をご提供するこの仕事を、もっともっと真剣に見つめ直そう、天職としてこの仕事に自分の人生を賭けてみよう、そんな決断ができた瞬間でした。

ひと言でいうと、こんな小さな会社が、社員の皆さんに大事にされ、これまで1800以上のご家族に大切な『家』を提供することができ、喜んでいただき、赤字を出すこともなく、毎年わずかではありますが納税を続け、社員全員が遅配もなく安定したお給料や賞与をいただき、さらには、あとで述べますが「ハウス・オブ・ザ・イヤー」の大賞（全国一位）を2回も受賞したり、あるいは「おもてなし経営企業100社」に選出されたりなどの栄誉も、すべてこの瞬間がスタートだったのです。

「家の居心地」と「思い出づくり」

家づくりが天職……それは決まりました。さて、ではまず何をするべきなのか？
そこで、少し考えてみました。

まず、1つ目は、当然のことながら、『家』それ自体の「居心地」です。『家』の「居心地」をよくするには、室内が外の気温に影響されにくい・外の冷たい空気や汚れた空気が入ってきにくい・低燃費で体に優しい・室内の環境がいつも健やか、そしてやはり、これは「居心地」というよりは「安心感」ですが、地震に強くて完成度の高い家です。そして将来にわたってその「居心地」と「安心感」が持続する家です。

そのためには……

①「夏はヒンヤリ冬はぽかぽか（UA値G3G2、C値0・2を目指す）」
②「高性能断熱サッシ（3枚遮熱ガラス・アルゴンガス・完全樹脂サッシ）」
③「耐震等級3」＋「MIRAIE（制振装置）」＋「構造体総ヒノキ（檜）」
④「太陽光発電（将来の電気代の高騰・蓄電池は必ず安くなる）」
⑤「安全な水と空気（家中まるごと浄水・抗酸化リキッド：アンチエイジング）」
⑥「正確な施工（完成図書：着工前に図面をすべて揃える）」
⑦「美しい現場（完成度の高い気持ちの良い施工）」

⑧「永続点検（持ち主が変わっても点検は続く）」
⑨「建物価値保証（ローン残高を超える建物の価値）」

この9つの組み合わせが必要です。

本書では、この9つがすべて揃った住宅を総称して「高性能住宅」と呼びます。『高性能住宅』は、誰が暮らしても快適で居心地がよく、安心してホッとできる室内空間と心の安寧をもたらしてくれます。

そして、2つ目は、「思い出づくり」です。
お客様はいつも「いい会社」で建てたいとおっしゃいます……。なぜでしょうか？「いい人」たちに担当してもらいたいとおっしゃいます……。なぜでしょうか？それは、そうであれば多分、実際に建てていく過程が素晴らしい「思い出」になるからです。

ひと言でいうと、大切なのは「家の居心地」と「思い出づくり」の2つです。

しかし、1つ目の「9つがすべて揃った居心地の良い高性能住宅」はなんとなく理解できますが、2つ目の「思い出づくり」なんて……。「いい会社」ってどんな会社で、どんな人が「いい人」なのかなんて、あまりにも漠然としていて抽象的です。

さらに、これはあくまでも私たち以外の人が判断することなので、正直、ゴールはありません。

いくら、私たちは「いい人」です……「いい会社」です……などと喧伝しても、それはまさに「独りよがり」な訳で、主観的には非常に判断が難しいと思います。

ただ、多分「いい会社」には「いい人」がたくさんいるんだろうな……ということは漠然と理解できます。

そうか……つまり、「いい会社」になるには、縁あって入社してきた、あるいは我が社で頑張っている社員の皆さんに「いい人」になってもらえばいいんだ……。

答えは簡単でしたが、どうすればいいのか皆目見当がつきません。

そこでまず、私なりに「いい人」を定義してみました。

いい人とはこんな人たちだと思います。

- けなげで、ひたむき……
- 不機嫌な顔をせず、常に穏やか……
- 夢を語り、礼儀正しく、人間好きで、謙虚……
- 人の悲しみや切なさにそっと寄り添ってくれる……
- いつかは立派な人になりたいと思っていて、自分磨きをあきらめない……
- いつも相手の立場を思いやり、まずは自分が汗をかく……

とてもこんな人にはなれないなあ……というのが正直なところですが、「こんな人」はもちろんですが、「こんな人を目指している人」も多分「いい人」なんだと思います。

なので、この本には今後、何度も「いい人」という表現が出てきますが、ここでいう「いい人」とは「いい人を目指して頑張っている人たち」も含みます。

「いい人」の定義を少し広げてしまいましたが、そんな「いい人」たちに担当してもらって手に入れた『家』には、きっと、そこにしかない素晴らしい価値が付加されるはずです。

この世界でたった一つの価値（思い出）は、その家が朽ち果てるまで永続します。

そんな価値観の出発点が、あの日の「長友さん」だったのです。

逆のことを想像してみてください。つまり、あなたが家を建てたとき、不誠実な営業マンが担当だったらどうでしょう？

その笑顔が、お客様の前だけの、あるいは契約を取るためだけの演出だったとしたらどうでしょう？

不誠実な営業マンの本性は、大切な我が家の竣工が近づくにつれて露呈します。

もちろん人柄は、営業マンにだけ求められるものではありません。なぜなら、ご契約後は設計士、現場監督、インテリアコーディネーター、あるいはご入居後のアフターメンテナンスなど、多くの担当者と関わることになるからです。

竣工して新しい家で暮らし始めて、我慢しようかな？　と思った程度の、ちょっとした不具合を思い切って伝えた瞬間の「不機嫌な表情」や、ご入居後に気づいた小さなキズの存在を伝えたときの「こんなキズなかったんですけどね……」、そんなひと言を思い出すたびに会社や担当者が嫌いになってゆきます。

そしてそれは、忘れたくても、ふとしたときに思い出してしまい、いつまでも引きずっていくことになります。

つまり、本当に「いい家」を手に入れるためには「最高の居心地や安心感を約束してくれる住宅自体の高性能」と「いい人がたくさんいるいい会社に建ててもらうこと」、この2つが必要なのです。

そこで「最高の居心地」や「信頼できる耐震」「入居した後の安心」などの研究と同じくらいのエネルギーを、まずは社員さんに「いい人」になってもらうことに注ぐ……そして、会社をもっともっと「いい会社」にする……、という明確な目標を持って多くの活動をスタートさせました。

最初に始めたのは、実は経営者である私（自分）が「いい人」になることでした。

残念ながら、いまだに「いい人」には程遠いところを行ったり来たりしていますが、あきらめないで「いい人」を目指し続けたいと思います。

当然ですが、私たちが目指している「徹底的な高性能住宅へのこだわり」や「いい人でありたいと願うモチベーション」は、お客様のことを本気で家族だと思えていなければ持ち続けられるものではありません。

いかにモノや工法が優秀でも、お客様と一緒に計画し、設計し、それを現場でつくっていく、さらにそれを、できれば一生、一緒に管理していく……。

つまり、家づくりに関わるすべての人たちが「いい人」でなければ、本来、「いい家づくり」は成り立たないのです。

しかし残念ながら、私が関わってきた不動産業や工務店関連業の世界には、昔から心の奥底に暗い闇を抱えているような会社や人が普通に存在しています。お伝えするべきことをお伝えしないで、お客様が勘違いしたまま注文をいただいたり、値引きをする予定の金額をあらかじめ上乗せして、割高に契約することがむしろ称賛されるような、あまり正視したくない嫌な世界も珍しくありません。

家づくりに関わる「いい人」や「いい会社」は増えてきたと思いますが、残念ながらまだまだ少数派です。だからこそ、私は自分の会社を、意識して「いい人」が仕事をしている「いい会社」にしなければなりませんでした。

営業マンの歩合制（ノルマ）の撤廃、一日に5回以上の現場清掃、あるいは完全禁煙などのルールはそんな決意がスタートでした。大工さんや職人さんにも「いい人」になっていただくことを目的とした勉強会も2カ月に1度開催しています。

もちろん、27ページに記載した「いい人」の定義などを読み返せば、とてもとてもそこに到達していないことは、本人が一番よくわかっています。

しかし、ゴールはまだまだはるか彼方ですが、社員の皆さんと一緒にいろいろなことを勉強し、実践しながら、なんとか一歩ずつ、「いい人」に近づこう、「いい会社」に近づこうと走り回る毎日です。

第1章

「いい人づくり」

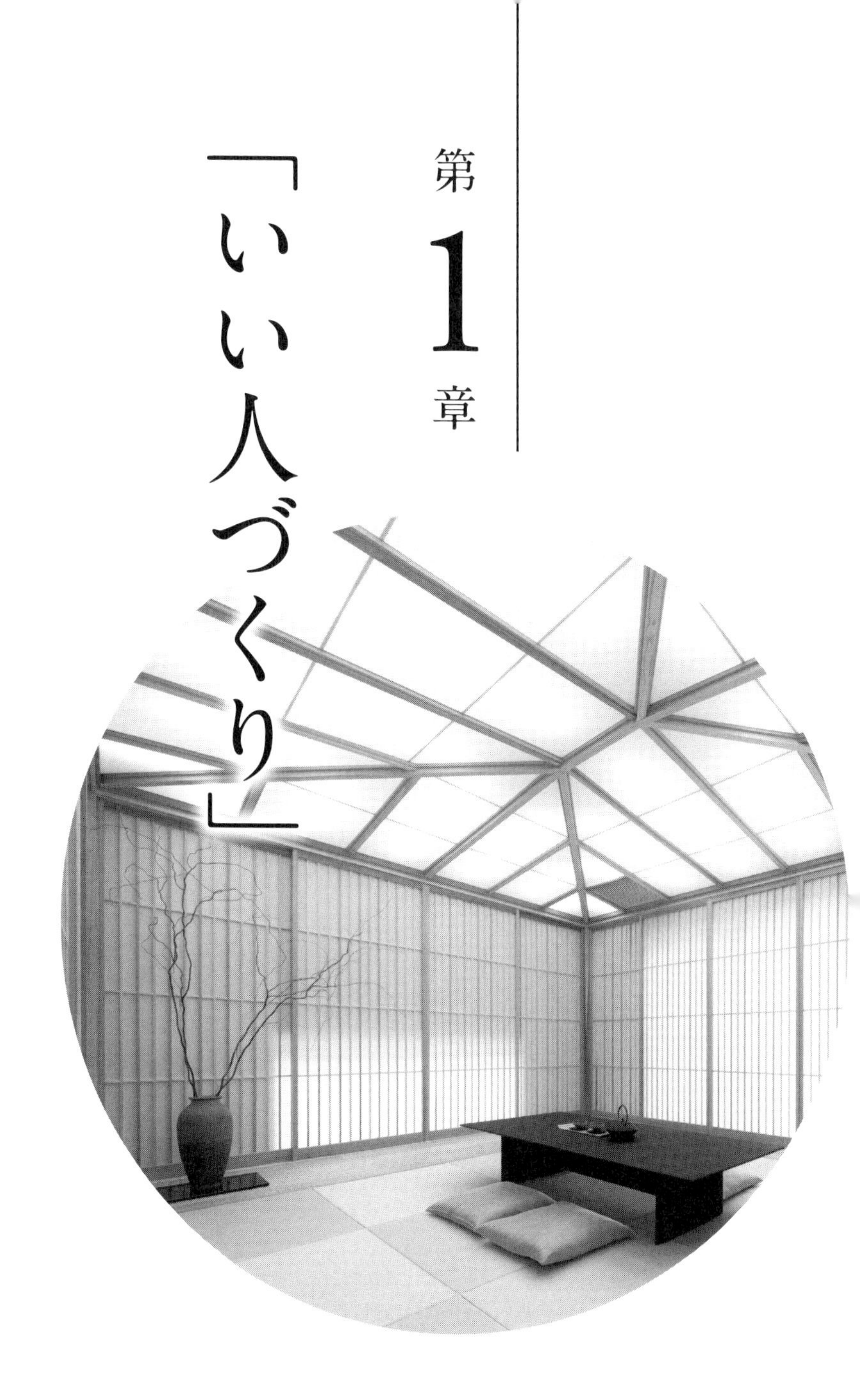

「いい人がたくさんいるいい会社」

「いい人」は伝播する

私の会社の企業ビジョンは、

『GOOD COMPANY with GOOD PEOPLE』

『いい人がたくさんいるいい会社』

です。

どんなに素晴らしい理念を掲げ、どんなに素晴らしい商品を提供しても、素晴らしい人格を持った人たちが集まる会社でなければ愛されることはありません。

私はなんとかして、会社の人たちが「いい人」になれる仕組みを構築しようとしてきました。ことあるごとに社員の皆さんと密接なコミュニケーションを心がけ、いろいろなところで仕入れてきた「価値観」を伝えてきました。

「伝える」といっても、私が先生として教えている訳ではありません。私も未熟な訳ですから、「俺も変わるからみんなも変わってくれ……」みたいな話です。「社長も含めて全社員でこういう価値観を理想として進んでいこう……一緒に勉強していこう……」

そう口にすることで、実は自分に言い聞かせているような感じです。

その指標を、数年前につくりました。

《KIJ HEART》という小さな冊子で、有名なザ・リッツ・カールトン・ホテルの『クレド』やジョンソン&ジョンソンの『我が信条』などを真似たものです。

手帳サイズの大きさで現在のものは66ページあり、そこに部門ごとの目標や年間スケジュール、社員グレードなどとともに、我が社独自の理念やフィロソフィー（哲学）などがびっしりと具体的な言葉で書かれています。健康住宅グループの社員は皆これを携行し、そこに書かれている理想を実行していくのです。

その中の一文に、こう書かれています。

「私たちは、いつか必ず、人生を終えます。その人生を終える瞬間『私が率いた…或いは、私が所属したチームはカッコ良かった…いつも前向きだった…』そう回想したいし、そんな組織でありたい…心からそう思います。ファミリーとしての意識を持ち、公私にわたって助け合う『誰もがうらやむユートピア』私たちは、そんな組織になることを決してあきらめません」

「誰もがうらやむユートピア」などと大それた表現がありますが、これは「『いい人』は伝播する」という価値観に基づいています。

伝播とは「広がる」「伝染する」というような意味ですが、この「『いい人』は伝播する」という言葉は、私が高校生の頃の担任の先生がおっしゃっていた表現です。

誰しも学生の頃、学校の中に男女にかかわらず、1人や2人はスーパースターのように輝く友人がいたと思います。成績がよくて、カッコいい、人柄がよくて、男性にも、女性にもモテて、いつもいい感じの友人に囲まれている。みんな、その人のことが大好きで、なぜか応援したくなる。親の性格はいいし、裕福だし、おまけに学校の先生にも一目置かれている……。

私は「そういう運のいい奴っているよな～」とため息をつく側の人間でしたが、私の高校時代の恩師は、「違うんだよ……『運がいい』のではなく、あいつはただ単に『いい人』なだけなんだ……『いい人』って人に伝播するんだよ」とおっしゃっていたのです。

なるほど、確かに「『いい人』が伝播する」のであれば、その「いい人」の周りの人は皆「いい人」ばかりになります。

であれば、その人は一生「いい人」に囲まれて人生を終えることができる訳です。

ですから、先ほどの、輝いていた友人は、自分の親をも「いい人」に変えてしまったのかもしれません。だからその親は、いろいろな人に認められ、その結果、裕福になったのかもしれないのです。

《K-J　HEART》

その友人の周りに才能のある人が集まってきたのではなく、「いい人」が伝播した結果、周りの人たちの才能が花開いただけなのかもしれません。

それが、私のような凡人には運がよく見えていたのかもしれません。

つまり、私の恩師は、すべてのスタートはまずは自分が「いい人」になることだと教えてくれたのです。

大きなことをいうと、自分が「いい人」になってそれを広めれば、実は世直しもできる訳です。

何か、宗教的な価値観があっていっている訳ではないのですが、少なくとも「まずは自分がいい人になること」が先決で、そんな「いい人」が1人でも2人でも増えて、それが「社風」になればいいなあと思います。

《K-J HEART》

健康住宅の心

《K-J HEART》、つまり《健康住宅の心》とはどんなものでしょうか?

この点について、現在の《K-J HEART》から、もう少し具体的に紹介していきたいと思います（「現在の」と書いたのは《K-J HEART》は毎年マイナーチェンジを繰り返しているからです）。

「いい人（Good People）」について、本書のプロローグにも書かせていただきましたが、《K-J HEART》では次のように定義されています。

「『グッドピープル』は、まずはけなげで、ひたむきです。自分磨きをあきらめず、なぜかいつも周りの人に応援されます。不機嫌な顔をせず、常に穏やかです。夢を語り、礼儀正しく、人間好きで、謙虚です。人の悲しみや切なさにそっと寄り添ってくれます。いつも相手の立場を思いやり、まずは自分が汗をかく……」
『グッドピープル』になることは、たやすいことではないのです。

そして、そのあとに、かつて私が心動かされた言葉などが並んでいます。いくつか紹介します。（敬称略）

▼稲盛和夫
「人間として正しいことを正しいままに貫く」
▼孔子
「其れ恕(そじょ)か（人生で最も大切なものは？　と問われて『それは思いやりですね』）」
▼エリック・バーン
「他人と過去は変えられないが、自分と未来は変えられる」
▼松下幸之助
「熱意は磁石やで」

▼安岡正篤
「心中常に喜神を含む（常に、心のどこかに『にっこり笑う神』を宿しなさい）」
「ただ謙のみ福を受く（運は謙虚な人にしか巡ってこない）」
▼芳村思風
「不完全性の自覚（まずは自分が未熟であることに気づきなさい）」
▼ガンジー
「明日死ぬかのように生きなさい。そして永遠に生きるかのように学びなさい」
▼ヘレン・ケラー
「勇気を持って挑戦するか、棒に振るか……人生はそのどちらかです」

私は社員の皆さんに、多くの「いい本」に触れることをすすめています。とくに過去の成功者の伝記は、読むだけでその人の歩んだ道を同じ気持ちで疑似体験することができますし、ハッとするような素晴らしい言葉にも出合えます。

いい映画を見たときに、優しい主人公のような気持ちになれるのと同じで、いい本に触れると自分も少し「立派」になれたような気がするし、もっともっと「立派」になりたい、きっとなれる、そんな動機づけにもなります。

私たちの『正道』

健康住宅グループの経営理念も《K-J HEART》に記載されています。

《経営理念》
『正道を行く』
私たちは「お客様への感動の提供」を経営の機軸とし
社員全員で「物心両面の幸せ」を追求します

『正道』とは、覚悟と誇りを持って、嘘偽りなく行動することです。目先の損得だけで企業活動をしない、仕事は全力でやる……というような実にシンプルな価値観です。そして「お客様への感動の提供」と「物心両面の幸せ」は私たちにとっての大切な『正道』です。

経営理念は、会社を信じて頑張っている社員の皆さんに対する、経営者からの「宣言」であり、それは同時に、社員一人ひとりが守るべき「約束」でもあります。

その約束の一番目が「お客様への感動の提供」です。

私たちの仕事は、単に家を建てることではありません。私たちの仕事は「家づくり」を通してお客様に「感動」を提供することです。

そのためには、お客様の立場に立った「工夫」が必要です。

辞書で調べると、経営理念にある「機軸」の文字には、その「工夫」の意味があります。だから「基軸」ではなくて「機軸」なのです。

そこをしっかり実現したうえで、私たちは「物心両面の幸せ」を追求する訳です。

社員の皆さんは、約束通り、自分に期待された職務を遂行し、会社は、お給料の支給、休日の確保、子育て支援、あるいは能力開発の応援などの約束を守る……。ある意味、当然の約束ですが、これらは「『物心』両面の幸せ」の『物』の部分です。

しかし一方で、「物」に代えられないものがあります。

それが「『物心』両面の幸せ」の『心』の部分です。

実は、「お客様への感動の提供」は私たちが「心の幸せ」を手に入れるための大切な手段でもあります。お客様に感動していただいて、満面の笑みを返していただく。そんなとき、私たちは確実に「幸せ」です。単純に楽しいし、嬉しいし、正直いって、ほんの少し自分が「いい人」に近づけたような気にもなれます。

そんな経験を重ねれば、自然に健全な価値観が身に付き、いつの間にか立派で穏やかな「いい人（Ｇｏｏｄ Ｐｅｏｐｌｅ）」になれるはずです。

そんなことの繰り返しが「いい会社（Ｇｏｏｄ Ｃｏｍｐａｎｙ）」への近道なのではないかと思うのです。

「ルールを守る」と「ディズニーランドのお子様ランチ」

消費者であるお客様が「この会社はいいな」と思う瞬間はさまざまだと思います。

商品自体の差別化された素晴らしさからそのように感じてもらえる場合もあると思いますし、その会社のスタッフの人間性が理由でそう感じる、あるいは企業の社会的な取り組みが評価されることもあると思います。

しかし、それらを評価する意識の根底には、この会社は多分「いい会社」なんだろうな、という期待が隠されているような気がします。

では「いい会社」とはどのようなものなのでしょうか?

《K-J HEART》には、「私たちの価値観」として20個の項目を掲げています。健康住宅に籍を置く皆さんが、具体的な場面ごとにどのような価値観で行動するべきかを示したものです。

その中の一つに「ルールを守る」という、ごく当たり前の項目があります。

そこにはこのようなことが書かれています。

「組織である以上、自己判断で指示を拒んだり、提出するべき書類を提出せずに業務を進めたりは許されません。ルールは守るか、正々堂々と変更するか、そのどちらかです。もちろん、ルール変更の申し出には会社や上司は積極的に耳を傾けます。なぜなら、既存のルールがいつまでも疑問視されないとすれば、それは我が社の文化が停滞している証拠だからです。

もちろん『ディズニーランドのお子様ランチ』の価値観に代表される行動を、私たちは勇気を持って応援します」

最後の2行に書かれているのは、有名な「ディズニーランドのお子様ランチ」のエピソードのことです。

＊＊＊

「ディズニーランドのお子様ランチ」

ある晴れた日曜日、ディズニーランドに30歳くらいの若い夫婦が訪れました。

2人は乗り物に乗るでもなく、にこやかに散歩をしたあと、お昼時に「シェフ・ミッキー（ミッキーマウスのキャラクターに囲まれて食事ができるお店）」に入りました。

そこで、2人は大人2人分の食事と、なぜかお子様ランチを1つ注文しようとしました。すると、ディズニーの衣装をまとったキャスト（ウエイトレス）から、

「誠に申し訳ありません。お子様ランチはお子様しかご注文いただけないのです……」

と告げられ、仕方がないよね……と顔を見合わせ、2人は注文をあきらめました。

それは、どこにでもあるちょっとした風景に見えました。

でも、そのキャストは、マニュアル通りには動きませんでした。

テーブルを去ったあと、どうしてもその夫婦の表情が気になった彼女は、わざわざそのテーブルに戻り、

「なぜ、お子様ランチをご注文されたのですか？」と、尋ねました。

2人は「実は、今日は子どもの誕生日なんです。生きていたら5歳になります……。子どもはミッキーマウスが大好きだったので……」と事情を説明してくれました。

その後、そのキャストは、厨房に掛け合い、お子様ランチと小さな可愛いミッキーマウスのバースデーケーキをご用意し、お子様ランチの前にはお子様用の小さな椅子を並べて差し上げました……。するとその場が華やかに彩られ、2人と天国のお子様にとって、その日は最高の一日になったのでした。

ウォルト・ディズニーはこの話を耳にし、業務マニュアルの最後のページに「お客

様に喜んでいただけるのなら、あなたは何をやってもかまわない……」という一文を付け加え、マニュアルを守らなかったそのキャストを全社員の前で褒めたたえました。

＊＊＊

これは「ディズニーランドのお子様ランチ」と呼ばれる、今から50年以上前に本当にあったお話です。短い文章ですが、このストーリーは真剣に生きるとはどういうことか？　を私たちに教えてくれているような気がします。

「TMI理論」

ウォルト・ディズニーは「いい人」だったに違いありません。社長が「いい人」だったから、あの夢のような世界が誕生し、現在まで継続できているのだと思います。そして、その価値観が従業員全員に徹底されていたからこそ、キャストは当然のようにマニュアルにはない臨機応変の素晴らしい行動を取ることができたのだと思うのです。「いい人は伝播する」の典型的な事例だと思います。

しかし注意しなければいけないのは、実は「悪い人も伝播する」ということです。《K-J HEART》に記した価値観の一つに**「TMI理論」**というテーマがあります。これも、社員の皆さんがいつも意識して行動できるように、経営者は継続してお伝えしていくべき、きわめて大切なことだと思います。

TMI理論とは、「企業活動のすべてはT機能、M機能、I機能の3つの機能のどれかに必ず当てはまる」という理論です。

①T（task）機能

目標や課題を達成していくためのタスク（仕事）の機能、簡単にいえば「お金を稼ぐための機能」です。会社でいえば、数字（契約・利益）を上げる、原価を下げる、約束を守る、間違いを正す、遅刻をしない、ルールを守る、など、いわゆる父親的な機能（役割）です。

②M（maintenance）機能

組織を維持するための機能です。笑顔、ホスピタリティ、癒し、思いやり、応援、感情的に「怒る」のではなくきちんと叱る、といった母親的な活動です。会社的には、福利厚生、休日休暇、社員表彰などもここに含まれるかもしれません。

③I（individual behaviour）機能

組織を破壊する、きわめてネガティブな機能です。人を罵倒する、嘘の報告をする、サボる、責任転嫁、言い訳、妬み、後ろ向きな発言、あるいはため息、裏表のある行動、陰口、下ネタを言う、威圧的な態度、不機嫌な表情などです。

人間ですからどうしてもI機能が出てしまうことはありますが、これを放置しておくと、「悪貨は良貨を駆逐する」の言葉のごとく、I機能が急激にほかの人に伝播していきます。「いじめ」なども一人が放ったI機能が伝播した結果です。放っておけば、嫌な雰囲気の組織が育ち、結果、壊れてゆきます。

大切なのは、I機能の排除と、T機能とM機能のバランス

I機能が会社にはまったく必要のないものであることは、誰にでもわかると思いま

すが、T機能ばかりが優れていてM機能はほぼゼロ……、あるいはM機能は素晴らしいがT機能が非常に低い……、となると「ブラック企業」だったり、「ホワイトすぎる企業」だったり、決して「いい会社」にはなれません。

例えば、住宅会社の営業部にはノルマや歩合制があるのが普通ですが、これはまさにT機能のための仕組みで、このT機能が強すぎると、社内、とくに営業部内にはギスギスした空気が充満します。ライバル意識が悪い方向に向かって、営業の場面では他社の悪口、焼鳥屋さんでは自社の愚痴……結局はI機能を醸成してしまいます。

そこでは「お客様のために」という本来の目的が削がれてしまいがちです。

逆に、優しさあふれるM機能が強すぎると、優しさを通り越して「甘え」「ぬるま湯」の状態が当たり前になってしまいます。寛容すぎる「甘さ」の裏には「残酷さ」が潜み、本当の「優しさ」は「厳しさ」に隠れてなかなか見えません。結果として、人の成長を妨げ、やがてクレーム対応などの大事な仕事を後回しにすることが平気になり、お客様満足には程遠く、やがて組織は衰退し、なくなってしまいます。

感情的に怒るのは、それ自体がI機能ですが、相手をリスペクトしたうえで的確に、しっかり叱ることができる、実は、そんな人にはM機能があふれています。

理想は、その会社の日々のT機能やM機能の行動の中で、自分たちのI機能に気づき、自然に排除できる「健全な価値観」を身に付けることだと思います。

T機能を磨き、M機能を育て、自らのI機能を警戒し、仲間のI機能を見過ごさず、勇気を持って指摘する……。I機能の排除は企業活動においてとても重要ですが、その実行には非常に高いスキルが求められます。

TMI理論については、私はことあるごとに社員の皆さんにお話しします。

そのうえで、では、今の自分たちの会社の現在地はどこなのか……という客観的な検証も続けなければなりませんし、お互いの議論も必要です。

外部からは丸見えなのに、組織の中にいると、自分たちの「甘さ」や「だらしなさ」、あるいは「ギスギスした印象」などがわからないのです。


実は、我が社では、I機能の排除と、T機能とM機能の良好なバランスを目指して、2011年（平成23年）に営業部の歩合制を撤廃しました。今となっては、結果的に大正解だった訳ですが、撤廃当初は本当に大変でした。

そのあたりの苦労話は第2章に書かせていただきました。ぜひご参照ください。

「知る」を楽しむ

毎週1回、1時間の「社長塾」

「いい人（Ｇｏｏｄ Ｐｅｏｐｌｅ）」は企業を超えて存在します。

「いい人」は、家庭でも職場でも、どこにいても「いい人」です。

それは、その人が幸せになる大切な条件だと思います。

社員の皆さんが《Ｋ－Ｊ ＨＥＡＲＴ》をきっかけに、少しでも「いい人生」を歩めたとしたら、こんなに嬉しいことはありません。学んだことをぜひ、自分の人生に活かしてほしいと思います。しかし多分、このような冊子は正直、夢みたいな話の羅列ですし、日々の業務に追われ、つい後回しになってしまうのが世の常です。

なので「思うことは実現する……」という言葉も裏を返せば「思うことしか実現しない……」訳ですから、私はことあるごとに、社員の皆さんに《Ｋ－Ｊ ＨＥＡＲＴ》

に書かれている「夢のような未来」が実現したらどうなるのかを話します。

その場面の多くが、毎週金曜日の午前中、約1時間の**「社長塾」**です。

パート社員の皆さんも含めて社員全員が大会議室に集合する全体定例会の後半、全員で私の話を聞くことになっています。

平日の午前中ですから、当然のことながら突発的な通常業務も飛び込んできます。とくに、社長の話が1時間となると、普通はかなり敬遠され、低い出席率になるのが一般的だと思いますが、実は我が社の「社長塾」は恐ろしく出席率が高いのです。

それには理由があります。

やむを得ず欠席しなければならない場合には、その模様を録画した動画を見て1週間以内に要約レポートを提出しなければなりません。出席すればそのレポートは書かなくてよいのです。

「やばい！　今週『社長塾』に参加できない！」と残念がる社員さんは、社長の話が聞けないから残念なのか？　レポートを書くのが残念なのか？

別に、どちらでも構いません。

我が社の「社長塾」の出席率は常に90%を超えている訳ですから（笑）。

社長塾では、毎週《K-J HEART》の解説を含め、いわゆる「健全な価値観」の共有がメインテーマです。もちろん、私の考える「健全な価値観」なので、それなりに偏っているのだと思いますが、軋轢を恐れず、社長である限りは続けたいと思っています。当然のことながら、日々の業務で起こった残念なトラブルの情報共有や、厳しい話もします。

また、この社長塾では、私ばかりがしゃべるだけではありません。毎回ではありませんが、コミュニケーション能力向上の意味もあり、社員の皆さんにいろいろなテーマでスピーチをお願いすることも少なくありません。

《K-J HEART》をもとにした社長塾の風景

勉強は、学校を卒業しても続きます。むしろ、卒業してからが本当の勉強かもしれません。それが一生続くのが、私たちの人生です。

月に1度の「社内勉強会」

我が社では、月に1度、約1時間、社員全員が集合して**「社内勉強会」**を行っています。社内には「勉強会チーム」という委員会があって、人事部門のリーダーを中心に、有志の皆さんが毎回勉強会の内容を企画してくれています。もう10年以上続いている、社内の恒例行事です。

テキストにしている本の指定のページをみんなで事前に読み、所定の用紙にコメントを記入してから参加します。

5～6人のチームに分かれて約1時間ディスカッションし、その後、毎回ではありませんが、時間を定めてアルコールありの懇談会を開催することもあります。もちろん、ふざけた宴会にならないように委員会のメンバーが進行します。

また、社内で起こったさまざまな出来事をテーマに、あのときもっとこうすべきではなかったか、今後はこのように改善できるのではないか、といった具体的な討議を行うこともあります。

ときには委員会のメンバーが用意したテレビ番組の動画をみんなで視聴して、テーマを設定してディスカッションするなど、マンネリ化を防いでいるようです。

先日は、営業現場のロールプレイングにみんなで挑戦していました。

営業社員がほかのスタッフをお客様に見立てて、実際に商品説明をしていくのですが、単なる座学と違って、みんな役者になったつもりで大盛り上がりでした。楽しい中にも、日頃頑張ってくれている営業社員に対して周りから温かいアドバイスもあり、なかなか効果的な勉強会になったようです。

社員みんなで一つのことを学んでいくという意識には、大きな意義があります。また、この勉強会は、社員の皆さんが個々の想いをアウトプットすることのできる大切な時間でもあります。

この「社内勉強会」には原則として社長は参加しないのがルールです。社長がいると自由にものが言えないはずだからです。

毎回ではありませんが、この「社内勉強会」の間、下の階で私が電話番をすることもあります。

電話番をすると、結構、日頃、耳にしない情報が入ってきたりして、私にとって、意外と有意義な時間だったりします。

2カ月に1度の「パートナー勉強会」

勉強するのは、社員の皆さんだけではありません。大工さんを含めた職人の皆さんも、お客様の大切な家をつくるきわめて大切な仲間であり同志です。

そういう意味もあって、私たちは、協力業者さんのことを、「下請け」という表現は使わず、ともに仕事をする仲間という意味で「パートナーさん」とお呼びしています。

この外部のパートナーの皆さん、とくに職人さんに対して、2カ月に1度、全員参加で**「パートナー勉強会」**を実施しています。

実は、私たちのような住宅会社が開催する勉強会には、比較的訓練された工事店の代表や営業マンなどが参加して、職人さんは勉強会には参加しないで現場で黙々と仕事……という状況が普通です。しかし、それではあまり意味がありません。

なぜなら、本来、マナーを学ぶべきは、日頃お客様とお会いする機会の多い職人さんなのです。だから、勉強会には、現場で働く職人さんや、大工さんに来ていただくことが肝心です。なので、ここにも少し珍しい仕組みがあります。

実は、我が社の仕事をしていただく職人さんは、2カ月に1回（年6回）開催される「パートナー勉強会」を、1年間に3回以上休んだら、我が社の現場へ出入り禁止……というルールがあります。

我が社で仕事をする限りは、嫌々ながらであっても出席しなければなりません。おまけに、毎回2時間の「パートナー勉強会」のうち1時間は、私の「社長塾」です。

ここでもやはり《K-J HEART》に記載されているような内容を、具体例を挙げてお話しするのですが、あるとき、「パートナー勉強会」で職人さんたちにこんな話をしました。

「現場に入ってくるのは、職人さん以外は、健康住宅の社員かお客様、そのどちらかしかいません……。ほかに入ってくる人はいないんだから、初めて見る顔でも、にっこり笑いかけてあげてください……」

そう言うと、彼らは「なるほど……」という顔をしてくれますし、勇気を出して1回でも挨拶すれば、ほとんどにっこりと挨拶を返していただけるのですから、自分も気持ちがいい訳です。1回でも経験してくれたらこっちのものです。

あるいはこんな話もします。

「皆さん、お客様は自分の命と引き換えに家を建てているってご存知ですか？」

当然ですが、みんな意味がわからず、聞き耳を立てます。

「何千万円も現金を持っている人なんて、まずいません。ほとんどのお客様は、ご夫婦でこつこつと貯めてきた、なけなしの数百万円の預金を解約して住宅会社に支払います。

当然、それだけではお金が足りませんから、銀行からお金を借りて、通常は30年から40年の長期間の返済を続けることになります。いわゆる銀行ローンです。

そのとき、銀行は貸した数千万円のお金が返ってこなかったら困りますから、お客様は『団体信用生命保険』という保険に加入しなければなりません。

団体信用生命保険の証書には、

『万が一、私が死んだら、残ったお金は私の生命保険で必ずお返ししますからお金を貸してください』

という意味の文言が載っています。

つまり、お客様は、自分の命と引き換えにお金を借りて家を建てるんです。なぜそこまでするのだと思いますか？

お客様は幸せになりたいのだと思います。お父ちゃんありがとう！　お母ちゃんありがとう！　と、子どもたちからハグされたいんだと思います。

娘を我が家からお嫁に出してあげたい……そんなお父さんもいらっしゃるはずです。

お客様の、この切ない気持ちをぜひ理解してあげてほしいんです」

職人さんの多くは、そんなことを考えたこともありませんから、みんな驚きます。もともと純な人たちです。泣きそうな顔をして聞いてくれる職人さんも少なくありません。

46ページでお話しした「ディズニーランドのお子様ランチ」をみんなで読み合わせしたときなど、ぽろぽろ涙を流す強面（こわもて）の職人さんもいました。職人さんの中には、昔、かなりやんちゃをしていて、「人と目が合ったら睨まんといかん……」と思っているのではないかというようなタイプも多いのですが、実は結構「いい奴」だったりします（笑）。

その瞬間、彼らは確実に「いい人（Ｇｏｏｄ Ｐｅｏｐｌｅ）」です。

「パートナー勉強会」では、第３章で述べる「美しい現場活動」の成功事例や、個々に改善すべき点なども報告して共有します。大工さんをはじめとする職人さんたちのレベルアップはもちろん、我が社の工事に対する考え方やノウハウの継承にも役立ちます。

この「パートナー勉強会」は２０１０年から始めています。このような取り組みは、なかなか現場には反映されにくいのですが、ここにきて、お客様に褒められ、職人さんたちが直接感謝されることも多くなりました。

私もそうですが、いくつになっても褒められると気分が高揚するものです。

当然ですが、職人さんたちも同じです。

お客様に一度でも褒められたり感謝されたりすると、

「なかなかいいもんやな……次の現場も頑張ってみるか……」

などと思ってくれているのではないかと想像しています。

「5S委員会」全社員で毎朝清掃

その人が「いい人」であるかどうかは、すべて「心のありよう」です。しかし、その「心のありよう」は非常に変わりやすく、いろいろなものに影響されやすいと思います。

たった一冊の本がその人の人生を劇的に成功へと導いてくれることがあるように、悪書に親しみ続けたあげく、本人が気づかぬ間に犯罪者に育ってしまうこともある訳です。

心というのは、訓練すれば鍛えることができますが、その前に、その人が暮らす、あるいは毎日仕事をする「環境」が重要です。

この「環境」を大きく左右するのは同じ空間に存在する「人」です。

そうした意味も込め、会社では「いい人」が育つ環境づくりのために、もはや月並みかもしれませんが**「5S活動」**を励行しています。

5Sとは、**①整理、②整頓、③清潔、④清掃、⑤しつけ**の5つです。社員の皆さんで構成される**「5S委員会」**が中心となって、美しい会社への取り組みを継続しています。

とくに基本である④の清掃は、毎朝、全員で行います。


清掃は、3つの場所をきれいにしてくれるといわれています。

1つ目は、当然ですが、お掃除をしたその場所。2つ目は、頑張ってお掃除をする人の心の中。そして3つ目は、そうやって一生懸命にお掃除をしている人を見かけた人の心の中まで、きれいにしてくれるのだそうです。

これは『掃除道』(PHP研究所)の著者、鍵山秀三郎さんの受け売りですが、とくに3つ目のくだりでは、昔、一生懸命お掃除をしていた天国の母を思い出します。もしかしたら、自分の心も、あの頃、母親が少しきれいにしてくれていたのかもしれません。

なので、我が社では、毎朝20分間ですが、全社員がその勤務地とその近隣のお掃除を実施しています。

私たちが使う事務所内のトイレや会議室などはもちろん、お客様がいらっしゃる打ち合わせブース、チャイルドスペース、そして、会社の周りだけではなく、いつもお世話になっている近隣周辺も毎朝、社員の皆さんが手分けしてお掃除します。

全員でやれば、相当な範囲のお掃除が可能です。

これが私たちの一日のスタートです。

劣悪で居心地の悪い環境にいれば心はどうしてもすさんできます。職場や家の空間が「居心地がよい」のは、「いい人」になるための第一歩です。

かなり前のことですが、朝礼で社員の一人が「最近、隣のうどん屋さんの具が増えたような気がする……」と嬉しそうに話していました。もちろん、それが近隣清掃の目的ではありませんが、やはり嬉しいものです。

快適で居心地がよい場所に「いい体」や「いい心」が育ち、結果として「いい人」が生まれることになるのだと思います。

社員大工の育成

ここで、社員大工の育成について、少し触れておきます。

本来、「大工」という仕事は、「棟梁（とうりょう）」という呼び名からもわかるように、その地域の顔役の職業でした。

幼稚園児の「やりたい仕事アンケート」では、「大工さん」は今でも「野球選手」や「サッカー選手」などと並んで、いつも上位を占める職業です。

しかし、残念ながら「収入が不安定」「賞与がない」「保険・年金のシステムが脆弱（ぜいじゃく）」「将来が不安」などの理由から、親子で頑張っている一部の大工さんを除き、業界には後進がほとんど育っていません。

今、日本の大工さんは驚くほど高齢化が進んでいます。あと10年もすれば、職人不足が原因で廃業に追い込まれる工務店が続出するといわれています。

実は、我が社は、２０１０年から「新卒社員大工の育成」にトライしています。

もともとは、若い大工さんを育てたい……という単純な思いからスタートしたのですが、そのためには彼らの収入に対する不安を解消する必要がありました。

日本は昔から、個人事業者に比べ、企業に所属する社員、いわゆる「サラリーマン」が優遇されてきました。社員であれば、「安定した収入」「大病を患ったときの高額医療費などの公的負担」「将来の年金の受給」など大きな安心を手にすることができます。しかし、社員が増えると会社の負担も大きく増えます。

一般的には、社会保険、福利厚生、在籍経費などを含めると、支給するお給料の2倍近い費用が必要です。おまけに、採用当初は全員「見習い」な訳ですからお金が出ていくばかりです。正直、当初は試行錯誤の連続で、苦労が絶えませんでしたが、ここにきて、独り立ちした棟梁も増え、大工としてのプライドが育ち、何より非常に人柄の

社員大工の皆さん

よい職人組織が育ちつつあります。

「人は、規則には従わなくても、社風には従う……」という言葉を聞いたことがありますが、明らかに我が社の「Ｇｏｏｄ Ｃｏｍｐａｎｙ」の部分が影響しているような気がします。

社内にも、会社のスタッフ全員で彼らを「育てている」感覚があります。

現在、15名のうち、7名が立派に「棟梁」として活躍しています。そのうち2名が女性です。

今後、受注より職人さん、とくに大工さんの確保のほうが難しい時代が必ずやってきます。私は、ロボットがマンションを施工する時代が来ても、人柄のよい大工さんと一緒に木造住宅をつくりたい……一戸建てに住みたい……という日本人のウェットなマインドは決してなくならないと思います。

いずれ、社員大工の皆さんが、我が社の大きな競争力になってくれるはずです。

「完全禁煙会社」

私は１９９８年（平成10年）、39歳で健康住宅㈱を創業しました。その頃私は、多い日は1日に3箱（60本）のタバコを吸うヘビースモーカーでした。

社長になった当日、願掛けもあり、年間77棟の受注を達成するまでは絶対にタバコを吸わないと宣言して経営をスタートしました。

1年目は年間受注が8棟でしたから、当時、77棟は夢の数字でしたが、私が禁煙を破ると「ああ、社長は77棟をあきらめたんだな……」と思われるのが怖くて、必死で禁煙を続けた覚えがあります。最初の2〜3年はタバコを吸う夢を何度も見ました。

お陰様で、10年ほど前に受注77棟を達成し、セレモニー的にタバコを吸おうかとも考えましたが、結局吸いませんでした。ただ、喫煙の経験はある訳で、実はあのタバコの香りはそれほど嫌いではありません。


私の父親は非常に古いタイプの経営者でした。中小企業の社長は親分のようなものだから、雇った人間の生活まですべてを面倒をみないといけない……という考えの人でした。

中小企業が、大手企業に伍して戦うには、社長が強い意志を持って、トップダウンで会社を引っ張っていかなければならない場面も多いと思います。

それが善いか悪いかは別にして、私は、思うところあって我が社を強制的に「完全禁煙会社」にした経験があります。

「完全禁煙会社」とは、社内やお客様の前だけではなく、タバコを吸う習慣のある人は社員であってはならない、社員でいる限り、一人でいるときも、家にいるときも、その人の生活の中では、一本もタバコを吸わない、ということです。

「健康住宅は来期から完全禁煙会社に移行します。一年後の今日までに、タバコを止めるか会社を辞めるか、どちらかに決めてください」

私は、社員全員の前で、いきなり宣言しました。２００９年8月のことです。

住宅業界は非常に喫煙率が高く、当時、男性社員の半数以上がタバコを吸っていました。社員の皆さんは天を仰いでいましたが、1年間の猶予の間に病院に通って禁煙治療を受けた人もいます。結局、タバコを選んだ人は一人もいませんでした。

毎年、約半数が「ご紹介受注」

我が社の自慢の一つが、ご契約の約半数が、過去に我が社で家を建てていただいたお施主様からのご紹介であるということです。

健康住宅の家を購入して暮らし始めたお施主様が、新たなお施主様を紹介してくださる。これほどありがたい評価はありません。

ご紹介受注の多さが、「ハウス・オブ・ザ・イヤー（国土交通省）」の大賞受賞（2017年・2021年）や、「おもてなし経営企業100社（経済産業省）」に選出（2015年）などの客観的な評価の一つになったとうかがいました。

なぜ、ご紹介受注が多いのか、これは我が社の何に対する評価なのか……私は、多分、我が社の「社風」が大きく影響しているのではないかと思うのです。

「いい家」をご提供しようと努力するのは当たり前ですが、我が社では、それを「いい人」がつくるという点を重視して、いろいろなことにトライしてきました。その点が、結果的に評価されているような気がします。

図に乗ってはいけませんが、我が社の「社風」、いわゆる「いい会社（Good Company）」の部分が私たち独自の競争力の源泉になっているのではないかと思うのです。

「徹底的に真似る」

我が社のモットーは「徹底的に真似る」です。

我が社のいろいろな取り組みを見て「社長はアイデアマンですね」などと言われることがあります。しかし、実はそうではありません。我が社の取り組みのほとんどは、どこかの「会社」で実際に実践していることばかりです。

私たちはそれを徹底的に真似ているだけです。

先にご説明した「美しい現場活動」や「社員大工の育成」、あるいは「完全禁煙会社」もそうです。我が社の《K-J HEART》も、あの有名なジョンソン&ジョンソンの『我が信条』の物真似です。

私たちの競争力の秘訣は、まさに「徹底的に真似る」ことです。我が社にオリジナリティーがあるとすれば、真似ていることの「組み合わせ」かもしれません。

ご紹介受注の多さも、実はその結果なのです。

第2章

住宅会社の「お・も・て・な・し」

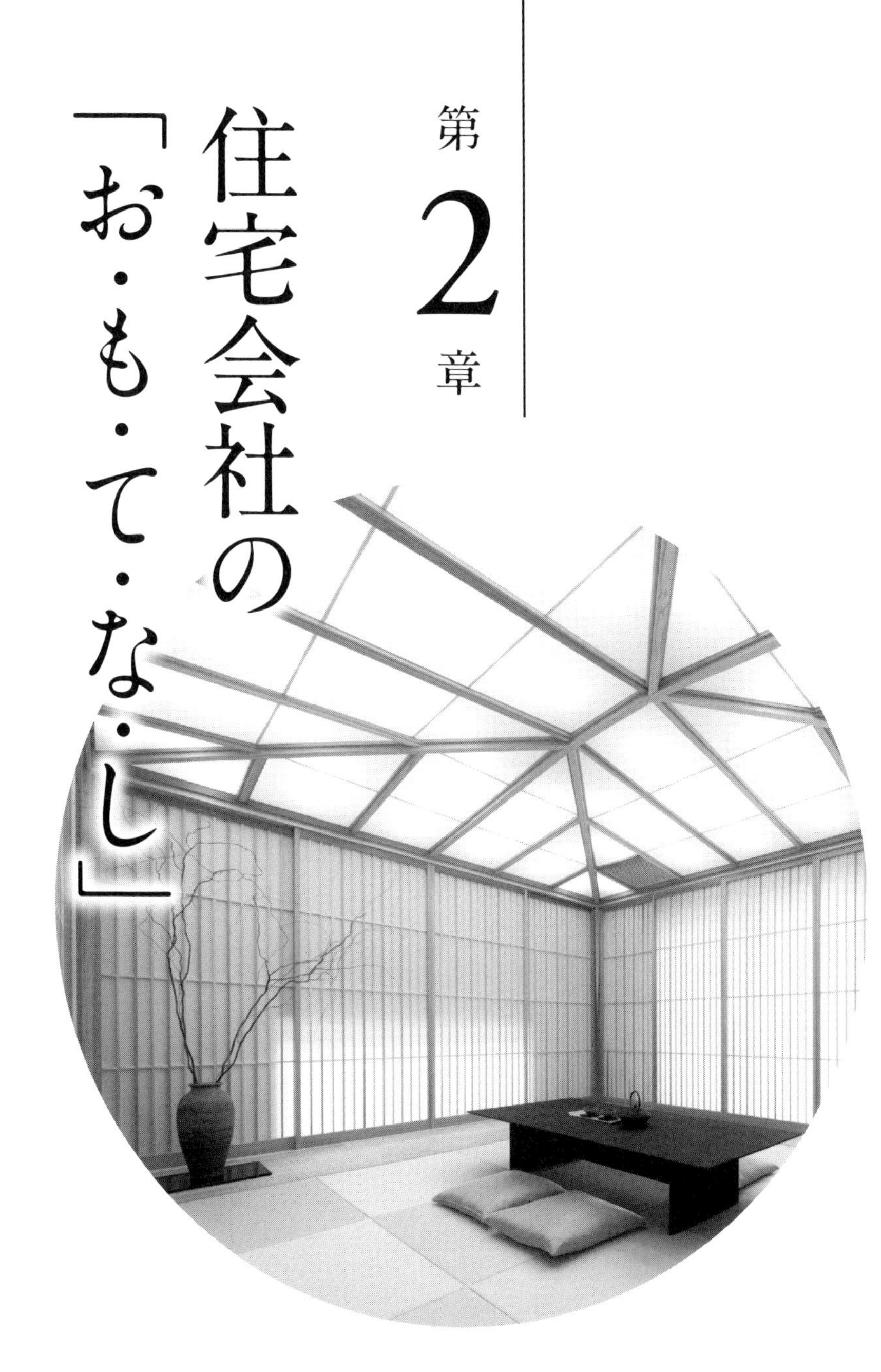

我が社が「歩合制」をやめた理由（わけ）

お客様を騙してでも契約を取る？

ひと昔前まで、お客様を騙してでも契約を取る……ということになんの後ろめたさもなく、むしろそれを営業マンに奨励するような住宅会社が数多く存在しました。

現在は、そんな犯罪すれすれのやくざな企業の多くは淘汰されてきた感がありますが、残念ながら、人生を懸けて建築し、素晴らしい未来を手にするはずであった「家づくり」が失敗に終わり、悲しみ、後悔している例は枚挙にいとまがありません。

バブルの頃、いやそのずっと以前から、そしておそらく現在も、住宅業界では「本気のお客様第一主義」というものがなかなか実現できていません。

なぜでしょうか？

誤解を恐れずにいうならば、簡単にごまかせるのが「家を建てようとするお客様」

だからです。

住宅は他の商品と違い、1棟1棟に個性があり、なおかつ、数えきれない種類の商材や建材、工法、システムなどの集合体なので、家を建てる、あるいは土地建物を購入するお客様と、住宅会社が持っている知識の量や幅、深さとの乖離が大きすぎて、一般の方では到底太刀打ちできないのです。

「キッチン」「ユニットバス」「洗面」「トイレ」「アルミサッシ・ハイブリッドサッシ・樹脂サッシ」「単板ガラス・ペアガラス・トリプルガラス」「陶器瓦・ガルバリウム瓦」「外壁」「布基礎・べた基礎」「杉・ヒノキ・米松・集成材」「グリーン材・乾燥材」「合板・無垢材」「断熱性能・ヒートショック」「ZEH・HEAT20」「免震・制振・耐震」「換気・気密」「個別冷暖房・全館空調」「住宅ローン」「金利」「火災保険」「地震保険」……。もう数え上げればきりがありませんし、そのそれぞれに専門的な知識が必要です。

例えば、よく「坪単価」などといいますが、肝心の建物の面積はどこからどこまでをいうのかを知らないお客様がほとんどです。坪単価を安く表現しようと思えば、建物は同じでも、その面積が広くなるように計算すればいいだけですし、その計算方法は住宅会社に任されていて、そこにはなんの規制もありません。

実は「住宅のプロ」を自認する私たちでさえ、専門家に確認しないとわからないことも多いのです。ただ、私たちには確認する方法や教えてもらうブレーンが社内にも社外にも多く存在しますが、それを個人やご家族だけで勉強して正しい結論を下すのは至難の業(わざ)です。

残念ながら、住宅業界には、その「圧倒的な知識や経験の差」につけ込み、後ろめたさや罪悪感を後回しにして、会社の利益や自分のお給料を優先してきた歴史があります。

前置きが長くなりましたが、その歴史の原因の一つが今でも住宅会社で普通に見られる営業部の歩合制です。

「値引き契約」と「歩合制」

お客様は人生を懸け、住宅ローンを組んでまで家を建てる訳ですから必死です。なので、住宅会社の営業マンはそう簡単に契約が取れる訳ではありません。

したがって営業マンには、お客様の背中を押して、契約に持っていく能力が必要です。

しかし、それがエスカレートし、お客様の不安を後回しにして、ただただ契約を締結することだけが目的になってしまったら、それはもう会社の利益、自分のお給料だけの世界になってしまいます。


程度や割合の差はあるでしょうが、ほとんどの住宅会社の営業マンのお給料は歩合制です。

歩合制とは、毎月支払われる基本給の額は普通のサラリーマンに比べるとかなり低く抑えられ、取った契約1本ごとに決められた高額の報酬がもらえるという給与制度です。

基本給は一般社員に比べて低く抑えられているので、子どもがいる家庭はとくに、基本給だけでは生活できません。彼らは、月に1本、悪くても2カ月に1本くらいは契約を取らなければ家計が成り立たないのです。

さらには通常、値引いて契約した場合、歩合給が大幅に減額されることがほとんどです。だから必死になる訳ですし、優先順位は、どうしてもお客様より契約成立のほうに傾かざるを得ません。しかし、これは給与制度の問題で、彼らには守るべき家族がある訳ですから責められません。ある意味、仕方のないことです。

しかし、歩合制営業部の責任者は、自分に課せられた数字を確保するために、あとで値引きを装うため、正式な見積金額に値引き予定金額を上乗せしてお客様に提示する……、そんなテクニックを教示して「最後はここまで値引いて契約を取ってこい！」と発破をかけます。

もちろん、すべての歩合制の営業部がそうではないのかもしれませんが、お客様に「値引き……」を提示する住宅会社の多くがこのテクニックを使っています。

実は、能力の高い営業マンは、これで驚くほど稼ぎます。ユーモアがあり、お客様に気に入られ、交渉のツボも心得ているので、値引きのタイミングが絶妙で、一気に契約まで持っていきます。社内でも稼ぎ頭はスターのような存在で、プライベートでは高級外車を乗り回すような人も少なくありません。

しかし、歩合制でがんがん稼ぐ営業マンほど、その会社の商品の売れ行きが峠を越えたり、クレームに追われたり、あるいは人間関係などが理由で、簡単に転職してしまいます。

営業という仕事の本質は変わらないので、売る能力さえあればどこの会社でも稼げるからです。

こうして歩合制のスター営業マンは、会社に所属しながらも、集客に結びつかない共同作業には顔を出さず、数字を上げている限りは勤怠管理が甘くなり、一匹狼のようになっていきます。そしてほかの営業マンも、そんな高給を手にする歩合制のスターに憧れ、営業トークを真似て契約を取ろうとします。仕事のスキル面だけでなく、考え方や生活態度などもその人に寄せられていくのです。

では、歩合給を支払う会社のほうはどうかというと、実は、歩合制は、会社にとっては非常に都合のよい給与制度なのです。

歩合制の社員なら何人いても大きな負担にはなりません。基本給が低いからです。しかも契約が取れない社員を、お金と時間をかけて大事に教育する必要も意味もありません。なぜなら彼らは、成績が落ち込んでくると生活ができなくなって、いずれ退職してしまうからです。

営業マンを大量に採用して、稼げる営業マンだけが自然に残っていく、こんな簡単な仕組みはありません。一方で、歩合制のスター営業マンには高額なお給料が支払われますが、それは彼らが取ってきた契約に上乗せされた利益から楽に支払うことができるのです。

不景気になると、成績の悪い営業マンから順次退職していくことになります。会社にとってはある意味、都合のいいリストラです。

営業マンの将来を気にしなければ、あるいはギスギスした営業部の雰囲気をよしとするならば、実は歩合制は経営者にとって非常に楽なシステムです。

しかし、お客様にとってはどうでしょう。まるでメリットがないように思えます。

そして、その歩合制で頑張る営業マンの人生はどうでしょう。

彼らが幸せな人生を歩くのは並大抵のことではありません。

全員がそうだとは限りませんが、人生の終盤、虚しさを感じてしまう営業マンも多いのではないでしょうか。

企業は「お客様の求めるもの」を商品として販売することで利益をいただく、それによって存続するものです。

「お客様がガッカリするようなものや残念なサービス」は、そもそも商取引として成立しないはずです。

だとすれば本来「企業や自分が存続するためにどうしても売らなければならない」「そのためにお客様が後悔しても仕方がない」という概念は商取引ではありません。

歩合制撤廃！

実は我が社の営業部もかつては歩合制でした。

その方法しか知らなかったからです。

しかし、私は、新卒入社の皆さんを含め、縁あって我が社に入社してくれた社員の皆さんと輝く人生を歩きたいと思うし、もっともっと「いい会社」にしたい。そして何より、私たちを選んでくださったお客様を後悔させたくない……。

そんな理想を求めて、意を決し、２０１１年（平成23年）に歩合制を撤廃しました。

ところが、それは簡単なことではありませんでした。

私が歩合制を撤廃したいと本気で考えたのは、徹底的な顧客第一主義で知られる滋賀県の住宅会社「びわこホーム」の上田裕康会長の存在を知ったからです。

上田会長は、かつて理想を求めて行った「歩合制の撤廃」で、いかに苦労されたか、どのような失敗があったのかを詳しく教えてくれました。

その中で、歩合制を撤廃したときの最初の大きな壁は「成績のよい営業マンが次々に辞めていった」ことだとおっしゃっていました。

彼らにとっては、歩合制が撤廃されれば、当然のことながら今までと同じ数字を上げてもその報酬が下がる訳です。彼らがほかの歩合制の会社への転職を考えるのは、ある意味当たり前かもしれません。

そこで私は当時、歩合制の対象となっている営業社員の皆さん一人ひとりと面談を繰り返しました。

彼らは会社が歩合制を選択している「不都合な真実」など知る由もなく、歩合制の意味などは考えたこともないので、話の結論は「要するに社長は私たちのお給料を下げたいんでしょ？」ということでしかありません。

なので、なぜ私が歩合制をやめようとしているのか、その意味を一つずつ丁寧に説明しました。

「歩合制は、実は会社にとって非常に都合のよい給与体系であること」

「仕事を通じていい人に成長してもらいたいこと」

「自分の勤める会社をいい会社にしていくことが、結局は、あなたを含めた全社員の幸せな人生につながるんだということ」

「営業というのは本来もっと楽しい仕事のはずだ……」

「これからはチームワークで受注する……」

「社員全員が、全体最適を考えながら、それぞれが自分の仕事をきちんと遂行したら、自分たちのお給料は自然に増えていく……」

「ぜひ、この会社で自己実現を目指してほしい……」

そんなことを、一人ひとりに真剣に伝えました。

正直いって、注文建築は建っていないものを売る訳ですから、お客様の頭の中にある新しい家のイメージをすべて知ることは至難の業です。しかし「建てた家に不満が出るのは当たり前……」とでも言いたげな表現や表情をするのは、やはり間違っています。「自分たちがもう少ししっかりしていれば、これらの不満は避けることができたかもしれない……」と、自らに矢を向ける、そんなカッコいい営業マンを目指してほしいと思うのです。

結局、歩合制を撤廃した後、会社を辞めた営業マンは一人もいませんでした。

この件をきっかけに、営業部を中心に、社員のほとんどが共同作業に汗を流すようになりました。慰安旅行などはほぼ全員参加です。

社員の多くが、自分は『GOOD COMPANY with GOOD PEOPLE（いい人がたくさんいるいい会社）』を目指す会社の一員なんだという自覚と自信に目覚めてきたように思います。

最近、我が社では営業部への転籍希望が多くなりました。

当たり前ではあります。営業は本来、楽しい仕事なんですから。

お客様からのクレームが人を育てる

クレーム対応は我が社の最優先事項

企業は、重要な仕事を優先して行い、効率的に成果を上げていこうとします。

いくつかのやるべき仕事が同時に存在しているとき、社員の皆さんそれぞれが何を優先して行うべきかを臨機応変に正しく判断しなければなりません。

《K-J HEART》には「仕事の優先順位」という項目があります。

その中で1番目に挙げているのは「クレーム対応」です。

お客様からのクレームが届いたときは、すべての仕事に優先して、その対応に従事するという意味です。

お客様のお気持ちを考えれば、そうするのが理想であることは誰でも知っています。しかし、どんな状況であってもそんな行動が取れるのか……となると話は別です。

なぜなら、当然のことながら、社員の誰もが常に目の前の仕事に取り組んでいる訳ですし、それは、アフターメンテナンスの担当者であっても同じことだからです。クレームのご連絡は、ほぼすべてが突然なので、その対応を優先しようとする「組織」には、実は非常に高いスキルが必要です。

必要なのは、まずチームワークです。会社の仕組みにもよりますが、一般的には、まずは仕事中の誰かがクレームの電話を受けることになります。

肝心なのはその瞬間です。

電話を受けた社員を決して一人きりにせず、周りの先輩社員が「ん？」と聞き耳を立て、話が終わったあと「どうした？」と声をかけ、内容によっては「よし、俺に任せとけ」と、その場で段取りをするなどの応援をしてあげないといけません。なぜなら、どこの企業でもそうだと思いますが、電話を最初に受けるのは事務担当の女性社員か、一生懸命な新人である場合が多いからです。

もちろん、そこには「何よりも、クレームへの対応を優先する……」という全社員共通の価値観も必要です。

前の章で「ディズニーランドのお子様ランチ」のお話をしました。社内で決められたルールは、社員の判断でその場で破られることがあってもいい。それがお客様にとって愛ある大切な対応となるのであれば、というお話です。

かなり昔のことですが、我が社でこんなことがありました。

お引き渡しの次の日にお客様からご連絡があり、すぐに担当者がうかがったのですが、取り付けた窓周りの建材が不良品で、窓枠が外れ、大きく歪(ゆが)んで窓が閉まらなくなっていました。明らかにサッシの取り替えや、外壁の張り替えなど、大変な工事になることは明白でした。

お客様が心配そうに「無償で修理してもらえるんですよね？」と尋ねると、担当者は「確認してご連絡します」と答え、その回答を翌日まで保留してしまったのです。

担当者は、大きなお金がかかることが明らかだったので、自分の独断で答えてはいけないと判断して、慎重を期しての行動だったのだと思いますが、その行動からは、お客様の「気持ち」や「感情」が抜け落ちていました。

当然のことですが、その「大きく歪んだ我が家の窓」を目撃したお客様にも、簡単な手直しでは済まないことくらいは直感的に理解できます。

そのお客様は、その歪んだ窓を眺めながら、一夜を過ごされた訳です。

「引き渡されたときは何ともなかったのに……」

「昨日、お引き渡し承認の印鑑を押してしまった……。印鑑を押した後の費用は私たちが負担しないといけないのだろうか？」

「今日から、楽しい生活が始まるはずだったのに……」

「このまま何の連絡ももらえないのではないだろうか……」

不安になり、情けなくなり、奥様はその夜、ポロポロと涙を流されたとうかがいました。

その日、少なくとも、その上司が報告を受け、万が一、社長、あるいは責任者に連

絡が取れなかったとしても、即座にご連絡を入れ、

「誠に申し訳ありません。明日一番で、万全の修理の手配をいたします。当然ですが弊社の負担です……」

と申し上げていれば、この悲しい状況は避けることができたはずです。

残念ながら、私たちの未熟さが「ディズニーランドのお子様ランチ」とはまったく逆の結果を招いてしまいました。しかし、この経験は我が社のクレームに対する基本的な2つの行動パターンを育てる貴重なきっかけになりました。

キーワードは「第一発見者」と「私たちからのご連絡」

まず1つ目は「不具合の第一発見者」を目指す……ということです。

クレームの多くは、些細な言葉の行き違いから始まります。どんなに小さなキズでも、それをお客様が最初に目にしたとしたら「もしかしたら気づいていたのではないか……。私たちが発見しなかったら、放置するつもりだったのではないか……」、そんな疑念を抱いてしまうかもしれません。

しかし、まったく同じキズでも、その小さなキズを、もし、営業担当者や現場の職

人さんなどが先に見つけてご報告差し上げることができれば、お客様には「よく見つけてくれた」とポジティブな感情を抱いていただけるはずです。

もちろん、そんなことですべてのクレームが解決するほど、世の中は甘くありませんが、「不具合の第一発見者」を目指すそんな行動は、大切な「おもてなし」の一つだと思います。

そのためにだけ……という訳ではありませんが、我が社では、第三者機関に依頼している雨漏り防水検査や、役所で定められた中間検査・完了検査以外に、お引き渡し直前に半日かけて、徹底した「社内検査」を、担当現場監督を除く、3人以上の現場監督が行います。我が社には現在、12名の現場監督が在籍しますが、その中から、担当者以外の3人以上の現場監督が選抜されます。担当した現場監督はどうしても、自分の現場で工事をした職人さんに甘くなってしまうからです。

手直しはご入居後になってしまうこともありますが、基本的にお引き渡しまでに発見されたキズなどの手直しはすべて完了させます。

もちろん、そこまでやっても「第一発見者」になれない場合は多々ありますが、ブラッシュアップを繰り返し、これからもあきらめないで継続したいと思います。

2つ目は月並みですが「コミュニケーション」です。「コミュニケーションが大事」などと言うと、そんなことはわかっていると返されると思いますが、ではできているのか？　と問いかけると、実はほとんどできていないのが建築現場です。

そんな関わりが嫌いだからこの仕事に従事しているんです……と話す職人さんも多く、現場監督もどちらかというとそんなタイプが多いのです。

そこで、我が社では10年以上前から、週に1回の「ご不安質問コール」を現場監督に義務付けています。1週間に1回以上「何か心配なことはありませんか？」という質問をお施主様に投げかける……ただそれだけです。

我が社の場合、前項でお話ししたように、営業部が歩合制ではないので、よくある「契約が終わったとたん、担当営業マンから急に連絡が来なくなった……」というようなご指摘はほぼないのですが、現場監督についてはそうではありませんでした。

実は、現場監督に週に1回の「ご不安質問コール」を義務付けた後、「ご入居後アンケート」にそのことについての質問を設けたところ、最初の1年間は、週にわずか1回の電話でさえ実行できていない現場監督が半数にも及んでいました。

最近はそんな状況も過去のものとなり、結果、クレームの発生率が驚くほど低減されました。近頃は、お施主様から建て主様のご紹介をいただくときなどに、同時に現場監督や大工さんのご指名もいただけることが多くなりました。


ここで、将来のクレームの削減という観点から、最近の非常に優良な「改善」「改革」を一つご披露します。

「リペア工事」の内製化

我が社にK君という、手先は器用だけれど、会社の雰囲気にいまいち乗り遅れてしまっていた社員がいました。彼は社内で何とか自分の居場所を見つけようと必死だったのだと思います。

建築工事の終盤に「リペア工事」という工程があります。

「リペア工事」とは、工事が終了して、お引き渡し直前に発見された大小さまざまな

「キズ」の補修工事のことです。当然のことながら、工事中は大工さんが、柱や床などにキズがつかないように「養生」するのですが、工事が終わってその「養生」を剥ぐと、アッと驚くようなキズがついていて慌てる……そんな場面は決して少なくありません。

建築業界には「リペア」の専門業者さんが多数存在し、「リペア工事」は一般的にはその専門業者さんに外注します。

その予算もバカにならないので、建築会社はあらかじめその予算を原価に入れて見積もります。当然ですが、我が社も少なからぬ予算を計上していました。

そこでK君の登場です。

彼は「リペア工事」を自社で行いたいと提案してきたのです。世の中に、「リペア工事」の専門学校などは存在しませんので、彼の提案が簡単ではないことは明らかでした。しかし、K君は真剣でした。彼は「リペア工事」の材料を販売しているメーカーに問い合わせ、あるいは展示会などでそのスキルを学び、数年でみごと「リペア工事」の内製化に成功したのです。

1年間で削減できた「リペア工事」の支出金額はK君の人件費をはるかにしのぎま

す。

この成功には後日談があります。

「リペア工事」を専門業者さんに外注する場合、業者さんにとっては、実は「養生」を剥いだあとの「キズ」が多ければ多いほど、売り上げが見込める訳です。しかし、この「リペア工事」がK君の自社施工ということになると、「キズ」が少なければ少ないほどK君の仕事は減り、時短につながり、空いた時間を有効に活用できます。

そこで彼は、現場監督や大工さんに工事中の「養生方法」の徹底的な指導や優良な「養生材」の提案を始めたのです。

結果、我が社の建物は竣工後、補修をするべき「キズ」が圧倒的に少なくなりました。

そして何より、お客様に大変喜んでいただけています。

当たり前のことですが「キズ」はないに越したことはありません。

今やK君は我が社になくてはならない立派な「人財」の一人です。

「おもてなし経営企業選」全国から100社選出

無形の価値の評価・経済産業省

あるとき、私は経済産業省が主催する「おもてなし経営企業選」のことを知りました。

お客様だけでなく社員や地域社会からも愛される経営を「おもてなし経営」と称し、これを実践する企業を選考・表彰しようというものです。

「おもてなし経営企業選」の選考委員長である力石寛夫氏は、アメリカでマネジメントを学び、その後日本でホテル、外食、レジャー産業などのコンサルティング会社を経営する素晴らしい経営者です。

力石氏は、「量」よりも「質」を大事にし、「当たり前のことを当たり前にする」ということが根づいている企業を優先して選出すると述べられています。

そしてその具体例として、

①「挨拶」がきちんとなされている
②「時間」の概念がしっかりしている
③「清潔で衛生的」な環境が心がけられている

というきわめて基本的な3点を挙げられています。

この3つは、誰もが、小さい頃から、当たり前のように言われてきたことです。「きちんと挨拶しなさい!」「時間を守りなさい!」「ちゃんと片づけなさい!」

力石氏は、この3つを大事にして実践を心がけている企業は、「たとえ小さくても眩しいほどに輝ける」とおっしゃっています。

入選した企業の重要な共通点として、

「しっかりとした『経営理念』を持っている……社員一人ひとりの『社員信条=行動規範』が具体化され、行動に移されている……『人が大事』にされている……」

としたうえで、この賞は、
「お客様の満足と同時に、社員の満足を非常に大事にしている企業に『誇り』を差し上げる……有形なもの以上に『無形の財産』をきちんと認め、光を当てる……その意味でとても価値のあるアワードです」
と結論されています。

当時、２０１３年（平成25年）に50社、２０１４年（平成26年）に28社、そして２０１５年（平成27年）に22社、３年間で全国から合計１００社が選出されました。

我が社は２０１５年に栄えある賞をいただくことができました。正直、ゴールには程遠く、とてもそんな立派な企業ではありませんが、立派な企業になりたいと努力している部分が評価されたのだと思います。

受賞には、新聞・雑誌の取材など、社会的な評価をいただける大きなメリットがありましたが、それにも増して、この受賞は私たちに、目指すところは間違っていない……という確信と、ささやかな自信を与えてくれました。

お客様の幸せ＝社員の幸せ

我が社は、目指す立派な企業に憧れる一中小企業に過ぎませんが、お客様に幸せを感じていただくことそのものが、社員の皆さんの幸せにつながるはずだと、漠然と信じてやってきたことが評価されたのだと思います。

あらためて襟を正し、ゴールを目指し続けたいと思います。

住宅会社が目指すべき、本当の「お・も・て・な・し」とは何か？

その大切なことを、全社員が模索して実践していこうとする社風は、間違いなく我が社の『無形の財産』です。

第3章

「高性能住宅」に欠かせない9つのこだわり

「夏はヒンヤリ 冬はぽかぽか」

我が家では「ホッ」としたい!

そもそも、なぜ私たちがこんなに「高性能住宅」にこだわるのでしょうか?

私は昔から、ホントに仕事が大好きです。プロローグでもお伝えした通り家づくりは「天職」だと感じています。

当然ですが、そんな私でも仕事に疲れ、ヘトヘトになって帰路につく日は決して少なくありません。

しかし、そんなとき、私たちには「帰る家」があります。

家に帰れば、愛すべき家族が笑顔で待っています。可愛いペットが飛びついてくるかもしれません。

その瞬間、いろいろなことを「リセット」して「ホッ」としたい……。

「ホッ」としたいのですから、酷暑の夏であっても、玄関に入った瞬間、ヒンヤリとした心地よい幸せな空間でなければいけません。

「ホッ」としたいのですから、極寒の冬も、ほっこり暖かい、ぽかぽかした、笑顔あふれるリビングルームでなければいけないんです。

つまり、そういうことなのです。

この大切な「夏はヒンヤリ 冬はぽかぽかのホッとする空間」を手に入れるために必ず必要なものが「高性能住宅」です。

第3章では、その「高性能住宅」に欠かせない9つのこだわりを、順を追ってご説明いたします。

「高性能住宅」に欠かせない9つのこだわり

①家の性能（断熱性能・気密性能）にこだわる
「もう外断熱にはこだわらない」「怖いヒートショック」「ZEH住宅はまがい物？」「家の性能を数字で表す」

②開口部（窓・玄関・勝手口）の断熱にこだわる
「高性能断熱サッシ（3枚遮熱ガラス・アルゴンガス・完全樹脂サッシ）」

③地震に強い家にこだわる
「耐震等級3」「MIRAIE（制振装置）」「構造体総ヒノキ（檜）」

④太陽光発電にこだわる
「将来の電気代の高騰」「蓄電池は必ず安くなる」

⑤爽やかで安全な水と空気にこだわる
「家中まるごと浄水」「抗酸化リキッド」：アンチエイジング

⑥正確な施工にこだわる
「完成図書」：着工前に図面をすべて揃える

⑦誠実な施工にこだわる
「美しい現場・魅せる現場」：完成度の高い気持ちの良い施工

⑧建物の点検にこだわる
「永続点検」：持ち主が変わっても点検は続く

⑨建物の価値にこだわる
「建物価値保証」：ローン残高を超える建物の価値

①

家の性能（断熱性能・気密性能）にこだわる

もう外断熱にはこだわらない

まず最初に、なぜ私の経営する住宅会社（健康住宅株式会社）が現在、高性能の代名詞と目される「外断熱工法」にこだわらなくなったのか？　についてお話しします。

実は、健康住宅は１９９８年（平成10年）に福岡で初めて「外断熱工法」に特化した住宅会社です。

当時は「外断熱工法」で家を建てることに大変大きな意味がありました。

１９９８年（平成10年）頃、日本の住宅の断熱材は99％以上に、水を吸収しやすい「グラスウール」と呼ばれる繊維系の綿のような断熱材が使用され、その工法の多くは「断熱材を柱と柱の間に押し込むように施工する内断熱工法」でした。

当時の日本の住宅の寿命は20～30年といわれていて、先進国の中で最も短かったのです。その主な原因が、雨が壁の中に浸み込んだり、壁内結露で湿った「グラスウール」が、壁の内側に「カビ」や「腐朽菌」を発生させて木材を腐らせてしまうことでした。

なので、当時は「水を吸わないボード系の断熱材」を「住宅の外側に貼る」だけで、十分、断熱性能を高め、住宅の寿命を大きく延ばすことができたのです。

その後ほどなく、弊社の高性能な「外断熱工法」が世の中に受け入れられ、急激に売り上げを伸ばすこととなりました。しかしその後、福岡には「外断熱工法」に参入する住宅会社が増え、福岡県は、外断熱工法で建てられる住宅が最も多い県（２０１９年頃の実績）となり、現在に至ります。

一方で、10年ほど前から、水を吸わないウレタン素材などを屋根裏や壁内部、基礎の内側などに吹き付ける、「内部発泡」と呼ばれる「高性能な内断熱工法」が増え始め、外断熱工法レベルの性能を非常に安価に手に入れることができるようになりました。

さらに福岡では、乱立した「外断熱メーカー」が価格競争を繰り広げ、弊社もその波に呑み込まれる結果となってしまいました。

ご存知の方は少ないかも知れませんが、実は「外断熱工法」の最も大きなデメリットは「高額である」ということです。そのことは外断熱工法の古典的な書籍『「いい家」が欲しい。』（松井修三著）にもはっきりと書かれています。きちんと施工された「外断熱工法」はローコストにはなり得ないのです。

しかし、お客様には『予算』があります。

私たちは、お客様に説明のできない原価低減策を取り入れて「安い……しかし性能の低い外断熱」を施行するのではなく、むしろ性能の高い、そして単価の安い「内部発泡工法（内断熱）」の施工に踏み切るべきだ……という結論に達しました。

そこで、私たちが出した答えは、単純な「外断熱工法」は卒業し、従来の「外断熱工法」と「内断熱工法」をかけ合わせた「W断熱工法」をフラッグシップモデルとして開発するとともに、住宅の中で最も断熱性能の低い「窓」部分に、高性能な『トリプル完全樹脂サッシ』を施工することなどを条件に高性能な「内部発泡工法（内断熱）」を商品ラインナップに加えることにしました。

これが「外断熱工法」のパイオニアであることを自負する健康住宅が「外断熱工法」にこだわらなくなった理由です。

２０２０年春の大きな経営判断でした。

怖いヒートショック

俳優の平幹二朗さん、白川由美さん、元プロ野球監督の野村克也さん、最近では佐藤蛾次郎さんもご自宅の浴室で亡くなられています。

「リビングルームなどの暖められた居室」と「冷たい浴室や寒い廊下やおトイレ」などとの温度差に体がついていけず、心臓や脳血管などに大きな負担がかかってしまう状態のことを「ヒートショック」といいます。

あまり知られていませんが「家庭内での不慮の死亡原因」のトップは「溺死」だと推定されています。なぜ推定かというと、溺死は事故死として扱われ、死後の鑑識が必要になるので、死因を心不全などの「病死」と表現することが多く、実は浴室での正確な死亡者数は分かっていません。

少し古い資料ですが、独立行政法人東京都健康長寿医療センター研究所が、救急車で運ばれた患者のデータから推計したグラフを添付しました。同センターはこの数値から、入浴中の事故死者の数を年間約17000人と推定しているそうです。2022年の一年間の交通事故での死者数2610人と比べてみるとその多さに驚かされます。

寒い冬は、私たちは外の温度が低いことを意識して外出します。つまり体が身構えて家を出るので、そこで体調に異変が起こる可能性はあまり高くありません。しかし、暖かいはずの自分の家の性能が低い場合はそうではありません。

私たちは日常、暖かいリビングでくつろぎます。そこからお風呂に入るようなとき、まずは寒い廊下に出て、そのまま、冷たい脱衣室で服を脱ぎます。私たちの体の血管は熱を逃がさないように収縮し、鳥肌が立ち、血圧が上昇します。その後、寒い浴室の洗い場へ移動すると一気に血圧が上がります。私たちはそのまま、暖かい湯船につかるのです。その瞬間、急激に体が温まり、今度は血管が広がって、一挙に血圧が下がります。私たちの体はそこで非常に強い「貧血（立ちくらみ状態）」に襲われ、意識を失い、そのまま浴槽で溺死してしまう……そんな事故が後を絶たないのです。

しかし、「高性能住宅」は住居内の温度差が非常に少ないため、その可能性が極端

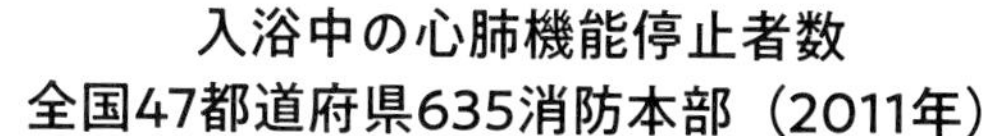

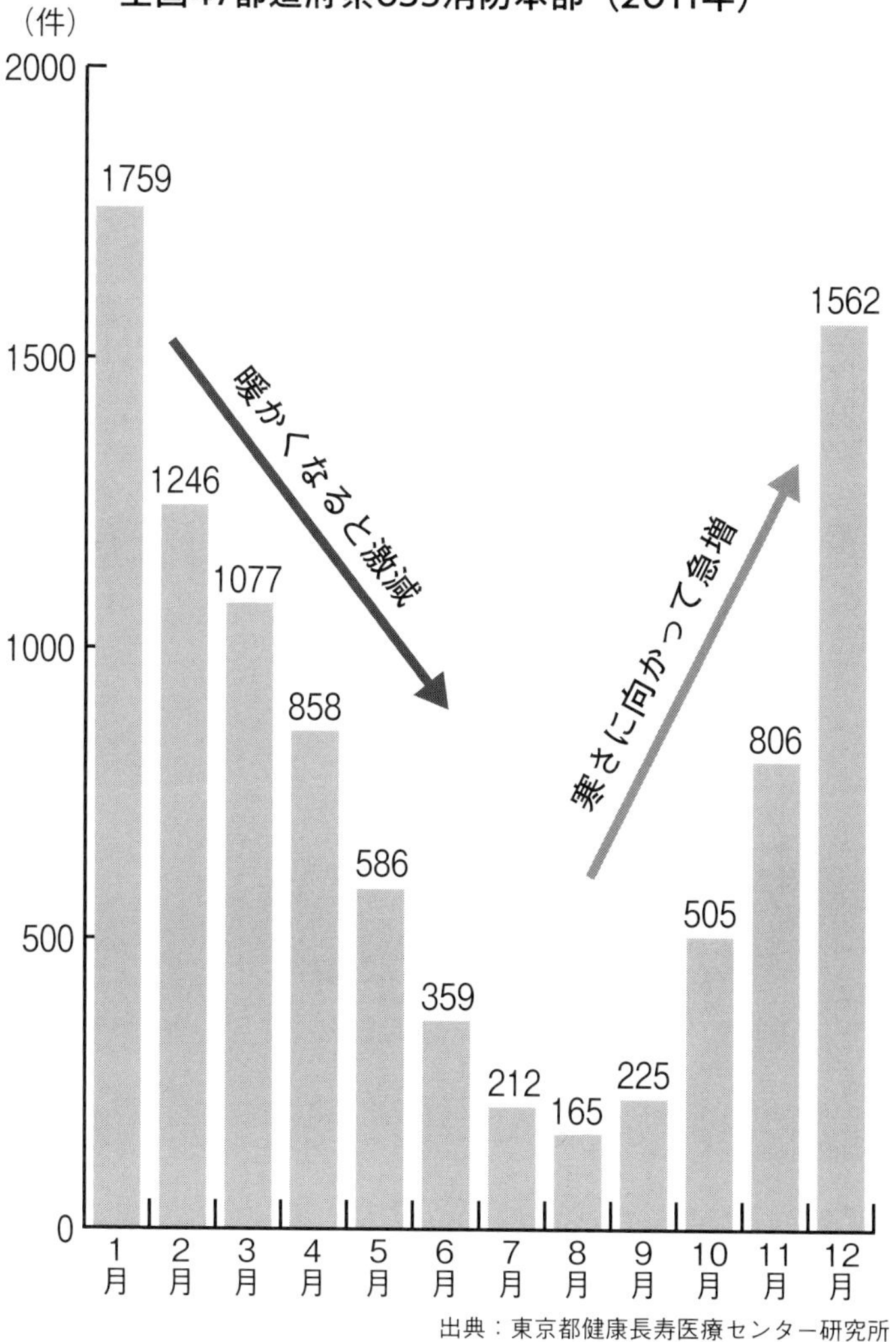

出典：東京都健康長寿医療センター研究所

に減ります。

性能の低い住宅で、浴室やおトイレにだけ熱源を持ってきて暖めても急場しのぎにすぎません。

「高性能住宅」は、断熱性能や気密性能が高く、住居内の温度差が非常に発生しにくくなります。わざわざ暖めなくても、天井裏も、床下も、居室とほとんど同じ環境、温度になります。もちろん、おトイレや浴室と、暖かいリビングルームも大きな温度差がありません。

まさに「温度のバリアフリー」です。

もちろん、浴室でお亡くなりになる17000人すべてが「ヒートショック」が原因であると考えるのは行きすぎだと思いますが、その多くが悲しい「溺死」であることは間違いのない事実です。

寒い時期だけでなく、実は酷暑の夏に発生する恐ろしい「熱中症」も「ヒートショック」の一種です。家の断熱性能や気密性能にこだわって家づくりをすることはそこに住む家族の命を守る大切な選択でもあるのです。

ZEH(ゼッチ)住宅はまがい物?

実は、日本の「ZEH(ゼッチ)住宅」は少しおかしいのです。
最近、日本のテレビCMやマスコミ、あるいは書籍などでよく目にするようになった「ZEH(ゼッチ)」についてご説明します。

ZEHとは、net Zero Energy House(ネット・ゼロ・エネルギー・ハウス)の略語で、「エネルギー収支をゼロ以下にする家」という意味です。つまり『家庭で使用するエネルギー』と、『高性能なエアコンなどの家電で節約できる、あるいは太陽光発電などで得られるエネルギー』をバランスして「1年間で消費するエネルギーの量を実質的にゼロ以下にする家」「自分で使ったエネルギーを自分で賄う家」という意味です。

つまり、理論上は、住宅がそれほど高性能ではないために、使う電力量が多くなってしまっても、屋根や車庫や庭に太陽光パネルをたくさん設置すれば発電量が増えるので、「ZEH住宅」になるのです。

何がいいたいかというと「ＺＥＨ住宅」という聞こえのよい言葉を過信しないでください！　ということです。もちろん、驚くほど低性能な、過去の日本のごく一般的な住宅に比べれば性能がアップしていることは間違いありませんし、太陽光パネルを屋根に載せること自体には大きな意義があります。

日本の経済産業省が定める「ＺＥＨ基準」では、住宅そのものの性能は福岡県の場合「ＵＡ値０・６」でＯＫです（ＵＡ値については、後に詳しくご説明します）。しかし、この「ＵＡ値０・６」は、例えばＥＵ諸国では、国や地域によっては断熱性能が低すぎて建築許可が下りないレベルです。

ここでも残念ながら、経済優先の日本の悪しき慣習が垣間見えます。経済優先とは「造る側」に有利……という意味です。

最近、その一例を端的に表す出来事がありました。

日本では２０２２年６月13日に「建築物省エネ法」が改正され、新築住宅に「断熱等級４」が義務付けられました。２０２５年以降はこれを下回る建物は建てられなくなります。

しかし、この「断熱等級4」は北部九州の場合、具体的には、グラスウールなどの低性能の断熱材を屋根裏に20㎝、壁に10㎝程度使い、サッシはペアガラスであればアルミサッシや、ハイブリッドサッシでもクリアできるレベルです。EU諸国を含め、住宅の高性能化が進む国では多くの地域で建築許可が下りません。

「断熱等級4」は論外としても、日本はこれから、先ほど説明した「ZEH基準（UA値0・6）」が平均的な目標になるのだと思いますが、実はこの数値では「心地よい空間（夏はヒンヤリ 冬はぽかぽか）」を手に入れることは到底困難なのです。

家の性能を数字で表す

皆さん、車を買うときは、排気量だとか、燃費などのいわゆる「性能」をきちんと調べて購入しますよね。

デザインの好みだけで車を買う人はあまりいないと思います。少し前のデータですが、トヨタのプリウスはリッター37・2キロ走るのに対し、同じサイズのホンダのシビックは19・4キロしか走りません（国土交通省・燃費消費率）。

しかし、なぜかその10倍もする家を建てるときは、あまりその「性能」は意識しない方が多いのです。

実は、家の性能は数字で表すことができます。家の性能でポピュラーなものは「断熱性能」「気密性能」「耐震性能」の3つですが、まずこの項では、なぜ「断熱性能」と「気密性能」が大切なのか？　というお話をさせていただきます。

第3章の冒頭で木造家屋が腐って朽ちてしまうのは、雨が壁の中に浸入、あるいは壁の中で結露が発生して、「カビ」や「腐朽菌」が家中で活性化してしまうことが原因であるとお伝えしました。

なので、日本では木材が腐りやすい高温多湿の夏や梅雨の環境から家を守るために、風通しがよく湿気がこもらない家づくりが重視されてきました。

有名な吉田兼好の「家の作りやうは、夏をむねとすべし……」という一文があります。実はこの一文が、蒸し暑い気候条件の中で、家づくりの金科玉条のようにいわれ続け、風通しさえしっかり計画すれば家づくりは大丈夫、という半ば「都市伝説」のような常識が日本中に流布してしまいました。

１３００年間も腐らずにあの威容を保っている奈良の法隆寺がよい例という訳なのですが、実はこれ、断熱材というものがまだ世の中に存在しなかった時代の話です。

もちろん、法隆寺は総ヒノキ（檜）造りなので、そこがこの１３００年を支えた大きな理由でもありますが、「総ヒノキ造りの法隆寺」とまではいかないにしても、もともと、断熱材が存在しなかった頃の日本の「開放型の木造住宅」は、地震や洪水は別にして、火事とシロアリにさえ気を付ければ、十分１００年以上の寿命がありました。

そこに突然、「断熱材」という近代的な材料が入ってきたとき、「外から冷たい風が入ってこないように隙間を埋めればいいのだろう」「外壁をつくったあと、家の内側から柱と柱の間にやわらかい断熱材を埋め込めば工事がしやすい」という発想になったのはごく自然なことだったと思います。

そんな流れから、日本の家屋では、家の基本構造である柱と柱の間に「フカフカの繊維系の断熱材」を埋め込む工法がごく一般的になっていったのです。

もうおわかりかもしれませんが、日本の近代の住宅は、冬を意識するあまり、夏向きの「開放型の家屋」の隙間に、断熱性能よりやわらかさのほうを重視した繊維系のグラスウールやロックウールなどを詰め込んで断熱してしまったので、風通しが悪くなり、不完全な気密住宅になってしまいました。

結果、夏の室内は非常に暑く、冬は逆に、中途半端に気密が高くなってしまったので、家のあちこちに温度差が生じ、窓だけでなく壁の内側にも大量の結露が発生し、繊維系断熱材がその結露（水分）を吸い、腐朽菌が柱を腐らせ、住宅の寿命を圧倒的に短くしてしまったのです。

世界に目を向けたとき、先進国に比べて、日本の住宅の寿命が極端に短いのは、実はこれらが主な原因です。

では、近代的な住宅の場合、どうすればいいのでしょうか？

理論的には、簡単です。

何よりまず、水を吸わない断熱材を使用するということです。当然のことながら、壁の中に水分が入ってくる可能性は壁内結露だけではありません。台風、豪雨、地震など、想定できない事象が発生する場合もある訳ですから、断熱材自体が水を吸わないことは非常に大切です。

そのうえで、家全体（屋根・窓・壁・基礎）の「断熱性能」をできる限り高めるとともに、中途半端な気密ではなく、非常にレベルの高い「気密性能」を維持すればいいのです。

もちろん、それらは決して簡単なことではありませんが、その「断熱性能」や「気密性能」をどこまで高めればよいのかをお話ししたいと思います。

「UA値（断熱性能）」

「家の断熱性能」は「UA値」で表現できます。

「UA値」を専門書などで調べると「外皮平均熱貫流率??:」「住宅の内部から床、外壁、屋根、窓、玄関、勝手口などを通過して外部へ逃げる熱量を外皮全体で割って平均した値??:」「単位は、【W/m^2・K】??:」などと、何のことやらよくわからない文言が並びます。

多分、「UA値」が小さいほど、熱が逃げにくいことを表しているのだろうな……

程度のことは何となく理解できます。

実は、我が社の断熱性能の目標はＧ３「断熱等級７（ＵＡ値０・26）」及びＧ２「断熱等級６（ＵＡ値０・46）」なのですが、なぜ福岡の地で、そこまで高い目標を定めなければならないのでしょうか？

２０１６年（平成28年）に国土交通省が発表した「省エネルギー基準」というものがあります。日本の国土を気候によって北海道から沖縄まで８つの地域に分け、そのそれぞれに「ＵＡ値」の目標が定められています。

しかし、この「省エネ基準」の目標値はいわゆる「経済優先（造る側に有利）」の日本ならではの非常に低い数値で、「６地域・７地域」に分類される福岡県を含む北部九州の目標値は「ＵＡ値０・87」です。

この数値は、何と、先ほど「ＺＥＨ基準はまがい物？」の項で少し触れた、ＥＵ諸国を含め、住宅の高性能化が進む国の多くの地域で建築許可が下りないレベルの日本のＺＥＨ基準「ＵＡ値０・６」より低いのです。

「ＵＡ値」が日本に導入された当時、弊社の建築する建物の平均的な数値は「ＵＡ値０・５」前後でした。なので、その頃弊社は自社の「高性能」にある程度自信を持っており、「ＵＡ値０・５」で十分と考えていました。

しかし、その後「ＨＥＡＴ20」という団体の存在を知ることになり、我が社の「ＵＡ値」の目標をＧ３「ＵＡ値０・26」、及びＧ２「ＵＡ値０・46」まで一段階上げることにしました。

「ＨＥＡＴ20」とは、いつまでたっても高性能化が実現せず、国際的に非常に低レベルの水準にとどまっている日本の住宅の将来を憂えた研究者たちが２００９年に発足した民間団体で、その後２０２０年に一般社団法人「20年先を見据えた日本の高断熱住宅研究会」として法人化されました。

「ＨＥＡＴ20」とはその団体の通称です。

その「ＨＥＡＴ20」が掲げる、福岡県で目指すべき断熱性能の目標がＧ３「ＵＡ値０・26」、及びＧ２「ＵＡ値０・46」だったのです。偶然ですが、国の定める北海道地域の「省エネ基準」の目標も同じ数値でした。

そこで、「我が社の『UA値』は寒冷地の北海道基準と同等です！」という表現をしたいという思惑もあり、弊社の目標値を、「HEAT20」の福岡県のG3・G2レベルの目標値であり、なおかつ「北海道地域の省エネ基準」でもある「UA値0・26」「UA値0・46」に定めることにしました。

厳密には「HEAT20」が定める目標値は性能の高いものから順に「G3」「G2」「G1」と3つあり、その定める目標はそれぞれ「G3・UA値0・26」「G2・UA値0・46」「G1・UA値0・56」です。その中から、自社の実力に合わせて、無理のない目標を選んでください……ということなのですが、正直、目標値として「G1」はあまりにも難易度が低く、今の基準と変わらないという理由もあり、目標を「G3」「G2」に定めたという経緯があります。

もちろん、「G3」「G2」ともに非常にレベルの高いもので、弊社の場合、窓に「トリプル完全樹脂サッシ」を取り入れること、及び断熱材の厚みを強化することなどを導入して何とかクリアすることができました。

福岡でこの数値が実現できている住宅会社は非常に少ないのではないかと思いま

す。

「C値（気密性能）」

実は、住宅の「心地よさ」に大きく影響する数値がもう一つあります。

それは「C値（気密性能）」です。

正直、世間的には「高気密」のイメージはあまりよくありません。「高気密＝息苦しさ」を連想する方も多く、なぜか日本ではエンドユーザーだけではなく、工務店経営者の中にも「気密性能はほどほどで十分」と考える方が多いようです。

しかし、ドイツの高性能住宅（パッシブハウス）の気密性能は「C値0・2㎠／㎡」です。当時、その数値に驚愕し、その理由を勉強し、検証し、体感もしました。

結論は、同じ断熱性能の住宅の場合、気密性能が高いほうが明らかに「居心地がよい」、という現実でした。

最近、その事実をストレートに表現してくれた小さな出来事がありました。

以下は、12月の寒い日に行われた我が社のM住宅展示場アドバイザーの社員間の情報共有ツールへの書き込みです。

「本日、M住宅展示場にデザイン専門学校の学生さん15名くらいが4組ほどに分かれて、各メーカーをバラバラに見学されていました。

健康住宅にも見学に来られたのですが、最後に来られた組の学生さんは『先に回った人たちが皆、健康住宅が気持ちよかったと言っていたので来ました！』と言っていました。時間の都合上、各組4～5社しか回れない中で、すべての組が健康住宅に来てくれたようです。

皆さん、『居心地がすごくいい！』『空気がぜんぜん違う！』『なんか落ち着くー』の連発でした！　学生さんの掛け値なしのリアルな声を聞いて健康住宅の凄さにあらためて気づけた一日でした」

実は、このM住宅展示場に出展されている住宅30棟の中で、我が社の展示場が、他社の展示場と圧倒的に違うのはその気密性能です。

この展示場の住宅30棟の中で、気密性能が「1・0㎠／㎡」を切っている住宅会社は健康住宅以外一社もありません。その中にあって、健康住宅の気密性能はドイツのパッシブハウスと同等の「0・2㎠／㎡」という超高気密なのです。学生さんの感じてくれた「居心地のよさ」の理由の一つが、この「気密性能」の高さであることは間違いのない事実です。

高性能住宅にはさまざまなよい点がありますが、その多くがこの高気密性能によって担保されているといっても過言ではありません。

Ｃ値とは、その家の床面積１㎡当たりに何㎠の隙間があるか、という数値で、その単位は「㎠／㎡」で表されます。

実は日本はこのＣ値に関する基準も非常にゆるく、九州北部地域の場合、「Ｃ値５・０」以下であれば「高気密住宅」という表現を使っていいことになっています。しかし、この「Ｃ値５・０」は簡単にいうと、約40坪（１３２㎡）の住宅に５㎠の穴が１３２個、つまり少し大きめのバケツサイズの穴から常に家の中に寒風が吹き込んでいるのと同じ状態だということです。想像する限り、とても高気密住宅とは呼べませんし、これでは何も解決しません。

私たちが目指すべき気密レベルは「Ｃ値＝０・２㎠／㎡」です。この項の冒頭で少し触れましたが、これは、高性能住宅の先進国ドイツの新築住宅「パッシブハウス」の基準と同等のレベルで、「床面積1㎡当たりの隙間が0・2㎠」という意味で、国土交通省の定める「高気密住宅」のレベルの実に25分の1です。

先ほどと同じ約40坪（132㎡）の住宅であれば、家に1辺5㎝の正方形が1個空いている程度です。非常にハイレベルな数値ですが、創業の1998年以来、高性能住宅にのみ特化してきた経験値として、「C値＝0・2㎠／㎡」が「光熱費削減」だけではなく、その「居心地のよさ」に大きく貢献する事実を知ってしまった以上、このハイレベルな目標は外す訳にはいかないのです。

では、なぜ日本では、住宅の「光熱費削減」や「居心地のよさ」の向上に大きく寄与するにもかかわらず、気密性能C値が重視されないのでしょうか？

「C値5・0」はあまりにも低レベルです。しかしなぜか日本では10年ほど前に、義務化どころか、このC値の規定が省エネ基準から削除されてしまいました。

削除された理由は定かではありませんが、C値が事前の計算では出せない数値だからではないかといわれています。この数値に限っては、工事途中の測定はあまり意味がなく、建物の完成後に機械を使用して計測しなければなりません。

つまり、役所の担当者は図面では確認できないし、竣工検査をしても気密がきちんと取れているのか、いないのかの証明は、現場を一日ストップして機械を持ち込み、数時間かけて気密測定検査をするしかないのです。

あくまでも想像ですが、もしかしたら、そんな手間を役所の偉い人が避けてしまった……あるいは避けざるを得なかったのかもしれません。しかし、その結果、住む人の「住み心地」を後回しにしてしまった訳です。

日本の「省エネ基準」は、世界の住宅先進国から20年遅れているといわれていますが、遅れているのは「技術」だけではなく、実はその「考え方」や「価値観」なのかもしれません。


もちろん「竣工後の気密測定検査」は、我々施工する工務店にとっても、非常に大きなリスクがあります。

なぜなら「気密レベル」は、その家を建てる大工さんの腕に大きく左右されますし、竣工したあと、万が一、約束の気密が取れていなかったとしたら、外壁と屋根をすべて取り払ってしまわないと気密工事をやり直すことができないからです。

なので、高性能住宅をアピールする工務店であっても、その多くは気密測定は工事の途中に行い、「竣工後の気密測定」は行わないところがほとんどです。

『断熱性能』はともかく、『気密性能』なんて、些細な枝葉のように思えるかもしれません。しかし実際に住み比べてみると、「壁」「屋根」「基礎」「窓」「玄関」「勝手口」の『断熱』、そしてそれらの『気密』いかんで、その心地よさに雲泥の差が出ることがわかります。しかもそれはのちのち、住宅の寿命にも深く関わってきます。

今や「断熱」と「気密」ほど、家の「性能」を大きく左右するものはありません。人にとっても家にとっても、長生きするためには、「超・高断熱」と「超・高気密」がもたらす居心地のよい環境はゆずれない条件です。

これも、今まで「高性能住宅」の建築にだけ従事してきた四半世紀の貴重な『経験値』の一つです。

②

開口部（窓・玄関・勝手口）の断熱にこだわる

高性能断熱サッシ（3枚遮熱ガラス・アルゴンガス・完全樹脂サッシ）

高性能断熱サッシの話の前に、「高性能住宅」について、多くの皆さんが誤解している、非常に大切なことをお話しします。

それは、**「①窓・玄関・勝手口」**の断熱と、**「②壁・屋根・基礎」**の断熱の関係性についてです。少しわかりにくいのでこの項では「①窓」「②壁」と表現します。

ひと言でいうと、断熱のしやすい「②壁」の断熱性能だけを高めてもあまり意味がない、ということです。肝心なのは「開口部」と呼ばれる「①窓」の断熱です。

前項で「UA値」の説明をさせていただきました。現在、家の断熱性能を表現する最もポピュラーな数値です。

この「UA値」は非常に大切な数値ですが、実は、セールス的な見地から「UA値」だけを上げて商品イメージを高めることも可能です。「①窓」の断熱性能は上げずに、安あがりな「②壁」の断熱性能だけを高めれば、見た目のパンフレットの数値は上がるからです。しかし、そんなことをしてもあまり意味がありません。

「①窓」の断熱性能を高めるためには大変大きなお金がかかりますが、だからといって「②壁」の断熱性能だけをどんなに高めても、冬は、性能の低い「①窓」から入ってくる冷たい冷気の量が増え、夏は浸入する熱波が多くなるだけです。

家全体の体感温度は、性能の低い部分に引きずられてしまい、実は予想以上に冬は肌寒く、夏は暑い部屋のままになってしまうのです。つまり「①窓」の性能を高めない限り、家は「心地よく」ならないのです。

国土交通省の省エネ基準の試算によると、一般的な日本の住宅では、冬の暖房時の熱は51％が「①窓」から逃げていき、それが夏の冷房時にはなんと69％にもなります。つまり「①窓」の性能は住まいの心地よさの最大の要素の一つなのです。

しかし、「①窓」の性能を後まわしにしたばっかりに、せっかく新築住宅を建てたのに、相変わらず冬には結露、夏には冷房を切ったとたん、部屋中がむっと暑くなる……というような相談が多いのが現実です。

その理由は、「①窓」特に「ガラス」や「窓枠」には直接断熱材を施すことができないので、「ガラス」や「窓枠」そのものの断熱性能を高めなければならず、そのためには大変大きなお金がかかってしまうからです。

「ガラス」の断熱性能を高めるにはその枚数を増やして人工的に「空気層」を増やすしかありません。その「空気層」の数が多ければ多いほど「ガラス」の性能は高まります。その「空気層」の理想の厚みは15～16㎜と言われています。「ペア（2枚）ガラスの空気層は1つ」ですが「トリプル（3枚）ガラスの空気層は2つ」です。その空気層を厚くしたり、空気層に「特殊な気体」を充填して冬の温熱効果を高めたり、「ガラス」の表面に「特殊な膜」を貼って夏の熱波（紫外線や赤外線）を室内に浸入しにくくしなければなりません。

「窓枠」の断熱性能を高めるには、その窓枠自体を断熱性能の高い素材（樹脂や木）

に変える必要があります。

しかしながら、日本のサッシの「窓枠」は、非常に性能の低い「アルミサッシ」、あるいはそのアルミサッシの内側に薄い樹脂を貼り付けた、やはり性能の低い「複合サッシ（ハイブリッドサッシ）」と呼ばれるサッシがごく一般的です。これは先進国では日本だけの特徴です。高度経済成長の時代にサッシメーカー（軽金属大手）が巨大になり、驚くほど寡占化が進んでしまったからだといわれています。

確かに、アルミニウムは軽くて強く、加工もしやすいし、材料が安価であることも大きな利点です。しかし、利点であるのは、その多くがつくる側にとってです。

軽くて強いアルミは施工には便利ですが、住む人にとっては最悪の素材です。熱の伝導率が非常に高く、30㎝ほどのアルミの棒の端を持って、もう片方を火であぶれば、一瞬で熱くなって持てなくなります。そんな素材が「窓枠」として、外気にじかに接しているのが「アルミサッシ」であり、「複合サッシ（ハイブリッドサッシ）」なのです。

暖房時も冷房時も、室内の心地よい温度は、断熱性能の低い「ガラス」や「窓枠」

を伝わって簡単に外に漏れ出てしまいます。

真冬の雪が降るような寒い日に室内を温めると「ガラス」や「窓枠」がビッショリと濡れていて驚くことがあります。「ガラス」や「窓枠」が外気温の影響をもろに受けて冷たくなって、室内の空気が急激に冷やされて結露するからです。「ガラス」や「窓枠」が結露するということは、室内の暖かさが外に逃げているということなのです。


私たちは創業の1998年より、一貫して「窓枠」は内側も外側もすべて「樹脂」である、「完全樹脂」と呼ばれる「窓枠」にこだわってきました。

当時、福岡では「完全樹脂サッシ」が標準の住宅会社はほぼ皆無でしたので、「樹脂は太陽の光に弱く数年でザラザラになる」「紫外線に焼かれ、ひび割れがする」などのご意見をかなりいただきましたが、1998年の創業以来、そのような現場は1カ所もありません。正しく施工されていれば、耐久性にまったく不安はありませんし、実は逆に、アルミサッシはアルミの表面を着色しているので、塗膜が剥げることがありますが、樹脂サッシはアクリル層自体に色がついているためそれもありません。

むしろ、気候によっては、塩害の被害を受けにくい樹脂サッシのほうが、劣化しにくく、耐久性が高い場合も多いのです。

夏の日差しを遮るには「ガラス」から入る熱波（紫外線や赤外線）を遮断しなければなりません。そこで威力を発揮するのが「遮熱Ｌｏｗ‐Ｅ金属膜フィルム」、いわゆる「Ｌｏｗ‐Ｅガラス（注１）」です。

３枚のガラスのうち、外側の２枚にこの「Ｌｏｗ‐Ｅガラス」を使用し、さらに３枚のガラスの間の15〜16㎜の空気層に断熱性の高いアルゴンガス（注２）を充填したいものです。

つまり、理想的なガラスは「３㎜のＬｏｗ‐Ｅガラス・15〜16㎜の空気層（アルゴンガス）・３㎜のガラス・15〜16㎜の空気層（アルゴンガス）・３㎜のＬｏｗ‐Ｅガラス」で構成され、その厚みは、全体で39〜41㎜にもなります。

完全樹脂の窓枠と次のページにある高性能なトリプルガラスとの組み合わせがないと、本当にホッとできる心地良い空間は手に入らないのです。

Low-E三層ガラス

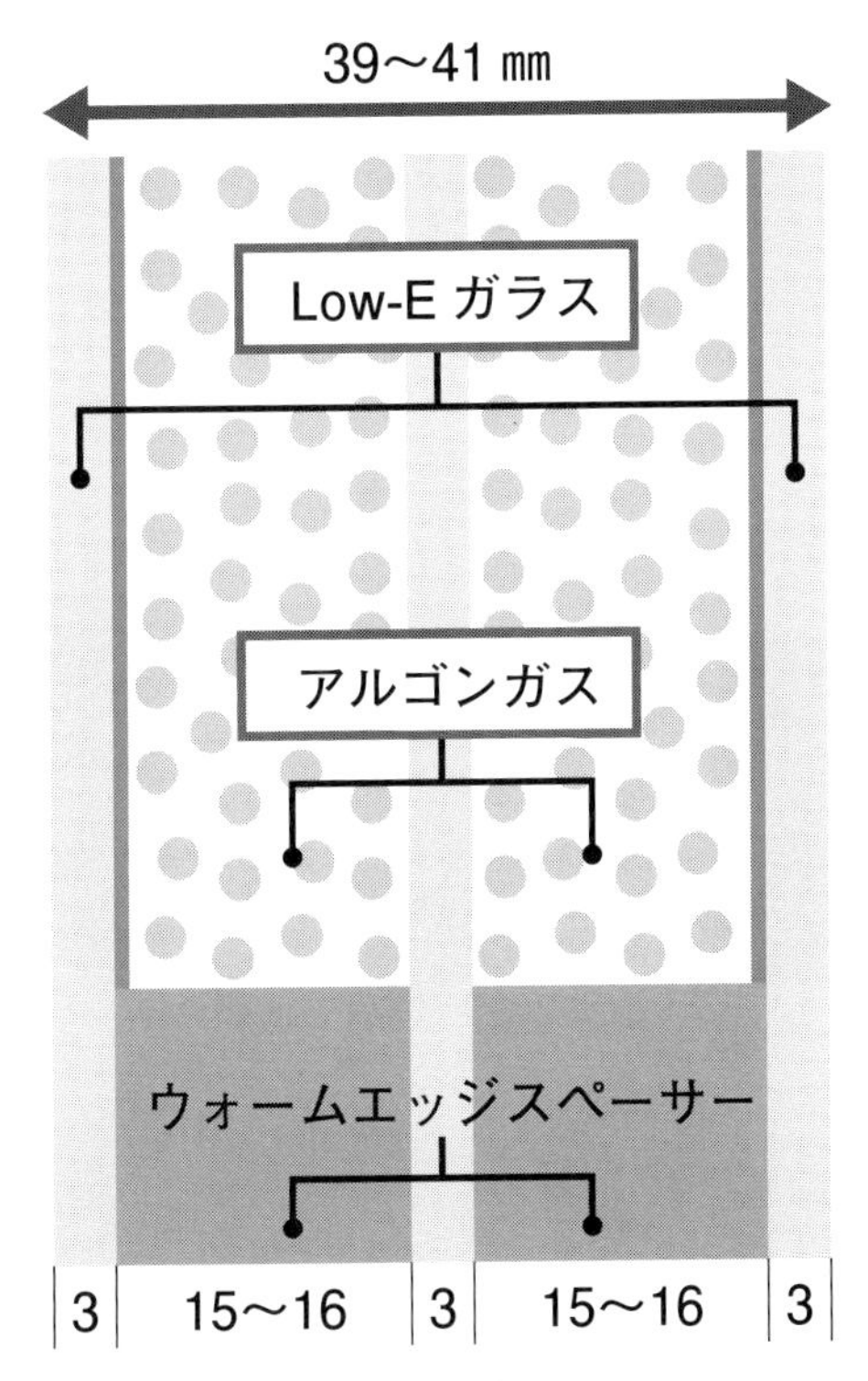

（注１）Low-Eガラス……Low Emissivity（ロー・エミシビティー）の略で、「低放射」という意味です。特殊金属膜（酸化亜鉛と銀）をコーティングしたガラスのことで、熱波（赤外線や紫外線）が室内に浸入するのを防ぎます。
（注２）アルゴンガス……広く白熱灯などにも使われているもので、空気中にも約１％含まれる透明で安全な不燃性ガスです。現在の技術では抜け出る可能性はほぼありません。空気よりも熱伝導率が低いため熱を伝えにくく、空気よりも重たいので、空気層の中で対流を抑えて断熱効果を高めます。

③

地震に強い家にこだわる

「耐震等級3」

耐震等級という言葉を聞いたことがあると思います。

日本の建築基準法では「耐震等級1」をクリアすれば、住宅を建てることができます。

「耐震等級1」とは、大きな地震に襲われても倒壊しない……つまり、命は守ってくれるレベルの強度がある住宅のことです。しかし、命は守ってくれますが、地震の規模によっては、住めなくなる場合がほとんどです。

2016年4月、震度7の地震が2度、立て続けに熊本を襲いました。最も被害が大きく、527棟もの住宅が全倒壊してしまった益城町には「耐震等級3」の住宅は当時わずか16棟しか建っていませんでした。

そのうち2棟が軽微な被害を受け、14棟は無被害でした。被害を受けた2棟は簡単な手直しが必要でしたが、16棟すべてに、今もご家族がお住まいになっています。

「耐震等級1」と「耐震等級3」の違いは、

「熊本地震レベルの地震が来たら、命は守るけど家はあきらめてください」と、

「熊本地震レベルの地震が来ても命も財産も守ります」の違いです。

「耐震等級3」に積極的ではない建築士や住宅会社の方は「耐震等級3はコストアップになる……耐震等級3にしてほしいと言われたことがない……お客様はそこまで求めていない」とおっしゃいます。

しかしこれは、車を買うとき「エアバッグをつけるとコストアップになる……エアバッグをつけてほしいと言われたことがない……お客様はそこまで求めていない」と言っているのと同じです。

熊本県益城町の皆さんも、まさか自分たちが大地震の被害者になるとは予想していなかったはずです。熊本地震を引き起こしたとされる断層帯は、地震が発生する前は「今後30年以内の地震の発生率はほぼ0％から0・9％」と評価されていて、益城町

の工業団地の誘致パンフレットには「安全な街・益城」と表現されていたほどです。

「MIRAIE（制振装置）」

熊本地震で大変な被害に遭われ、いまだ復興の最中にある方がいらっしゃる現在、ここで、むやみに不安をあおるのははなはだ不謹慎だと思いますが、大地震の可能性がどこにでもある日本では、耐震等級に気を配るだけではなく、勉強すればするほど、等級以外のなんらかの耐震補強を付加するべきだと感じます。

タワーマンションの基礎などで稀に見かける「免震装置」は莫大な費用がかかるので導入は難しいかもしれませんが、地震の揺れを和らげる、なんらかの「制振装置」は備え付けたいと考え、弊社では、熟慮の末「耐震等級3」と、現在日本で最も実績と信頼のある「住友ゴム工業の『MIRAIE』という制振装置」を標準装備することにしました。

「MIRAIE」は、先の熊本地震で大きな被害を受けた熊本城の耐震補強に採用されています。少し大げさですが、私たちは、命も財産も守ってくれる家を建てたい……と思うのです。

「構造体総ヒノキ（檜）」

「耐震」を語るとき、もう一つどうしてもお伝えしたいことがあります。「ヒノキ（檜）の実力」についてです。

元来「ヒノキ」は、虫が来ない・香りがよいなどメリットは多々ありますが、高額なためメジャーな素材ではありません。

「杉」は植林してから30～40年で収穫が可能ですが、「ヒノキ」は植林してから収穫までに50～60年を要するので、当然高額になるのは当たり前です。

もちろん、育つスピードが遅いのでその分木目が詰まっていますし、「ヒノキ」は切り出されてから200年間、その強度を増し続けるといわれています。

しかし、何より「ヒノキ」の凄いところはその「引き抜き強度」です。文字での表現はなかなか難しいのですが、実際に見るとかなり強烈です。単純に釘が抜けにくいのです。本来は、耐震性能に大きな影響があるはずですが、国の指針に、木造住宅の釘（金物）の「引き抜き強度」の記述はまったくありません。

薄い材木を接着剤で貼り合わせた「集成材」の中には引き抜き強度が大きな素材は存在しますが、火災時の有毒ガスなどを想像すれば、接着剤はできる限り使いたくありません。少なくとも、主要構造材である「通し柱」「管柱」「土台」などは、そのほとんどを「ヒノキ（檜）の乾燥材」で施工したいものです。

実は、九州は昔から手に入りやすい「杉」が主流で、今も、九州の木造住宅の90％以上は、ほぼオール杉で建てられています。

しかし「ヒノキ（檜）」は地球上で、日本と台湾にしか生息しない……世界に誇れる樹木です。第3章の「家の性能を数字で表す」でも触れましたが、1300年間威容を保つ、あの法隆寺も「総ヒノキ（檜）造り」です。

※粘り気のある材木のほうがよいとされる「はり（梁）」の一部などは「米松その他」を使用します。また、木造住宅には「集成材」を使うべき部位は存在しますので「集成材」をすべて否定するわけではありません。

太陽光発電にこだわる

将来の電気代の高騰

結論を先に言うと……特別な事情がない限り、太陽光発電パネルは必ず屋根に載せるということです。

もちろん、お金もかかりますし、「高性能住宅」とは関係がないのでは？　というご指摘も当然覚悟の上です。

しかし「高性能住宅」の定義に「太陽光発電」は必ず入れるべきです。

もちろん、共稼ぎ夫婦が圧倒的に増えてきた今の日本の家庭では、昼間はご家族不在の時間帯が多く、昼間にどんなに発電しても、いわゆる「自家消費」は少ないし、売電価格も毎年引き下げの一途です。かといって、恐ろしく高額な「蓄電池」の購入は現実的ではありません。当然のことながら、今、お金をかけて太陽光パネルを屋根に載せてもペイできないのではないか？　という意見がごく一般的です。
それでも、屋根に載せるべきなのです。

その理由をいくつか述べたいと思います。

まず、家づくりの際、屋根に６kW（キロワット）の太陽光発電パネルを載せた場合をシミュレーションしてみます。

仮定条件として、
・太陽光発電１kW当たりの市場販売価格（設置費込みの総費用）税込み30万円
・福岡県の１kWあたりの年間発電量１２４２kW／年（参考・太陽光発電総合情報）
・日中の発電量のうち7割を売電・３割を自家消費
・売電（売却する電気の単価）16円／kW・自家消費（消費したが支払う必要のない電気の単価）29円／kW
であった場合、あくまでも概算ですが、次の計算が成り立ちます。

①「6kWの太陽光発電、及びパワコンなどの必要な設備代金総額（税込み）」１８０万円
②「1年間の総発電量７４５２kW（１２４２kW×６）」
③「売電金額８万３４６２円／年（７４５２kW×70％×16円）」
④「自家消費したので支払う必要がなくなった電気代６万４８３２円／年（７４５２kW×30％×29円）」

つまり、年間14万８２９４円返ってきます。

ただこのような場合は、必ず投資した１８０万円がいつ回収できるか？　ということが議論になります。そうなると今回のシミュレーションでは投資した１８０万円を回収するのに12年２カ月かかる計算になります（１８０万円÷14万８２９４円）。そうなると、その間に太陽光パネルが故障したらどうするとか、売電価格は毎年下がるだとか、ネガティブな情報を発信する方も多いのですが、そうではなくて１８０万円の投資で年間14万８２９４円も戻ってくる……。と少しポジティブに考えてみてはい

かがでしょうか？　何と利回り8・23％です。今の時代、180万円を銀行に定期で預けたとしても、一般的な銀行であれば年間数百円程度の金利しか付いてきません……。なので、180万円以上の預貯金をお持ちの方や、180万円余分に住宅ローンが組める方は、そのお金を使って太陽光パネルを屋根に載せるべきなのです。

さらに今後、世界中で電気代が高騰することは間違いありません。本来は、昼間に発電した電気は「蓄電池」に充電して夜に使用したい訳です。希望的観測ではありますが、今は高価な蓄電池も、今後間違いなく安い商品が開発されるはずです。

災害時の非常用電源としての有効利用も期待できます。

「蓄電池は必ず安くなる」：太陽光発電リース契約

とはいえ、当然ですが「そんな200万円近い投資をする余裕などありません！」とお感じの方も少なくないと思います。

そのようなときは、是非、太陽光発電の「リース契約」を検討してはいかがでしょうか？

簡単に説明すると「10年間、太陽光発電設備のリース契約を結び、リース料金を売電金額でほぼ相殺し（10年間はプラスマイナスゼロ……ホンの少しプラスくらいが一般的）、リース契約が終了した10年後に、太陽光発電設備を2カ月分のリース料金価格で買い取り、11年目より運営利益を得る」というビジネスモデルです。リース契約ですから、原則として初期投資は「０円」です。

そんなうまい話があるか！　ということなのですが、既に、多くの太陽光発電のリース商品が出回っていますし、現在、弊社で建築するお客様の80％近い方がリース契約を含め、何らかの形で新築時に5～8kW程度の太陽光パネルを屋根に載せていらっしゃいます。

10年後の日本の電気代は恐ろしいほど値上がりしているはずですし、先ほどお伝えしたように、10年後は間違いなく安価な「蓄電池」が世の中に出回っているはずです。今や日本の製造業は中国、台湾、韓国に完全に追い越されていますが、日本がこのまま沈んでいくとはとても思えません。10年後には必ず何かが変わっていると思うのです。あくまでも私見ですが……。

また、太陽光パネルは屋根の最も太陽の熱射（日差し）の強い部分に設置しますので、住宅自体の断熱性能を高めるという効果もあります。

太陽光パネル設置時に注意しなければいけないこと

ただし、太陽光パネルを自宅の屋根に設置する場合に、必ず気を付けないといけないことが3つあります。

(1) 設置する建物が耐震等級3であることはもちろんですが、その場合も、必ず太陽光パネルの荷重を考慮して構造計算を行わなければいけません。太陽光パネルの重さは架台込みで1kW当たり150キロ前後といわれています。

(2) 太陽光パネルを屋根に設置する場合、「つかみ金具」「キャッチ工法」などいろいろな呼び名があるようですが、その設置の仕組みをしっかり確認し、台風対策が必要です。

(3) 太陽光パネルの設置は約96％の効率が望める「南東」「南西」側がベスト。「真東」「真西」はその効率が約85％、「北」側設置の場合は約66％に低下します。

⑤

爽やかで安全な水と空気にこだわる

「家中まるごと浄水」：セントラル浄水器

人間にとって水は生命の源です。

快適で健康的な暮らしは、安全な水なしには望めません。

飲料や料理に使うほかにも入浴、洗髪、歯磨き、トイレなど、家のさまざまな場面で当たり前のように水が使われます。

しかし、実は、水道水には殺菌のための塩素やトリハロメタンなど、できれば体に入れたくない物質が含まれています。最近は、そのことが周知の事実となり、家を新築するお客様の多くがさまざまなタイプの浄水器を設置されます。

その浄水器はキッチンに設置される場合がほとんどです。

しかし、塩素などの有害な物質が体に入ってくるのは、口からだけではありません。その量は微量ではあっても、毎日まいにち、入浴、洗髪、歯磨き、あるいはウォシュレット使用時などにも、体の粘膜から体内に侵入してきます。

だから「家中まるごと浄水」でなければいけないのです。

「セントラル浄水器」は外の水道メーターと住宅の間の水道管に設置します。そうして、家で使う水をすべて浄水すれば「家」は安全な環境になり得ます。

すべての蛇口から安全な水が流れてくる……お風呂のお湯が湧き水のように軟らかい……そんな環境を目指しています。

「抗酸化リキッド」：アンチエイジング

体を汚染するのは「水道水」だけではありません。勤勉な日本人であっても、睡眠時間や休日を含めれば60％以上の時間は自宅で過ごすといわれています。

つまり、私たちは人生の半分以上は「自宅の空気」を吸って生きているのです。

であれば当然「水道水」と同様「空気」の質も重要です。

「シックハウス症候群」という言葉を聞いたことがあると思います。日本には、家に住む人の健康を守る制度や法律は、今世紀に入るまでほとんど存在しませんでした。

その無防備であった長い年月の間に、住宅建材に含まれる化学物質などが、日本人の健康を大きく棄損してしまいました。

「経済優先（造る側に有利）」であった数十年の間に、多くの住宅メーカーや、建材製造大手は驚くほど大きな政治力を身に付け、実は現在も、住宅建材にどのような化学薬品が含まれているのか、明確な表示ルールは日本には存在しません。

なので、真に住宅内の安全な空気を手に入れるには「ホルマリンなどの有害なＶＯＣ（揮発性有機化合物）を含まない建材を探して使用する」「なるべく接着剤（集成材・合板など）を使用しない」「無垢材などの自然素材を多用する」「シロアリ駆除剤を使用しない」「土台を含め、できる限りヒノキやヒバを使用する」など、有効な方法は山ほどありますが、なかなか理想通りにはいかないのが現実です。

もちろん、それら多くのことに気を付けながら施工することは、私たち住宅会社のモラルではありますが、実は住宅内の空気を汚染するのは、質の悪い建材だけではありません。建築後に購入した家具、カーテン、あるいはネットで購入したさまざまな備品などの多くが化学物質に汚染されています。

前置きが長くなりましたが、それらの多くを解決してくれるのが「抗酸化リキッド」です。愛知県で開かれた「愛・地球博」の日本館で採用されました。

「抗酸化リキッド」は、珊瑚の化石が主成分で、いわゆる「免疫住宅」や「活性酸素除去」などの元になる「抗酸化物質」です。

その効用は多岐にわたり、「防カビ」「防腐」「消臭」「マイナスイオン環境の促進」「アトピー改善」「遠赤外線効果」などに加え、「ホルマリンなどの揮発性化学物質の分解除去・発生防止」、つまり、室内空気の汚染物質を分解してくれる効果があります。

建物完成後、住宅内部（壁、床、天井、収納内部、クロスその他）にくまなく「抗酸化リキッド」を噴霧すれば効果は絶大です。その効能は半永久的に持続することが実験で証明されています。

「酸化」とは、物が錆びたり、腐ったりすることをいいます。

実は人間の体の老化も「酸化」の一種です。ですから、「抗酸化」……「酸化に抗う」、つまり、錆びたり腐ったり、あるいは老化するスピードを遅らせるという意味なのですから、少なからず、私たち人間の「アンチエイジング（老化防止）」にも寄与してくれると思うのです。

「抗酸化リキッド」の噴霧時に立ち会うことも可能で、当然のことながらマスクなどはまったく必要ありません。

室内が、一瞬で、思わず深呼吸したくなるような爽やかな環境に変わります。

「化学物質過敏症」などの病は、過去の地球には存在しなかった病です。

「セントラル浄水器」とともに、この「抗酸化リキッド」は私たちを守り続けてくれるはずです。

⑥ 正確な施工にこだわる

「完成図書」：着工前に図面をすべて揃える

実は、着工前に図面をすべて揃える住宅会社（工務店）は珍しいのです。

え？ と思われるお客様も多いと思いますが、多くの住宅会社で、着工時には、図面がまだ完成していないのが普通です。

すべての図面が完成していなくても、該当する業者さんの分の図面さえあれば、とりあえず工事を進めることができるので、工事に合わせて、後から追いかけて図面を用意していく会社が多いのです。

ですが、そんな対応をしていると、手間とコストがかかり、誰もチェックしていない図面が現場に到着することも少なくありません。工事も行き当たりばったりで、やり直し工事が増え、結果、悲しむのはお客様です。

鉄筋コンクリートの大きなビルやマンションの場合は設計事務所が事前に詳細な図面を書き、いわゆる「設計図書」と呼ばれる1冊の本程度の冊子を完成させてから着工する場合が多いと思いますが、木造住宅の場合はそのほとんどが揃っていない状態で着工することがごく一般的です。

もちろん、建物の「間取り図」「立面図」「配置図」、あるいは営業段階での「パース」や「写真付きの仕様書」など、「図面が読めないお客様にもわかる図面」は揃っていると思いますので、お客様は「これらの図面で家が建つ」、あるいは「ちゃんとやってくれている……」と漠然と信じているのだと思います。

しかし、本当は「木造住宅」を1棟建てるのも「マンション」を1棟建てるのも、必要な図面の精度は何も変わりません。

健康住宅グループでは以前より「完成図書を備えること」に全社一丸となって取り組んできました。

当初は、工期の短縮・作業効率アップが目的で会社の業務効率化の一環でした。

しかし、着工前にすべてのことを決めるので次のメリットが生まれました。

(1) 構造計算書の偽装が不可能で、欠陥住宅などの問題が起こりづらい（もちろん、偽装など、やる訳ありませんが、やろうと思ってもできない、という意味です）

(2) 無駄なやり直しの工事がほとんどない

(3) お引き渡しのときの残工事がほぼゼロ

また、現場の職人さんや協力業者さんたちが常にベストな状態で作業できるので、高品質な家づくりにつながります。

弊社の工事に初めて取り組む新規の協力業者の方は、着工前に図面がすべて完成された状態で手元に来ることに、「こんなの、初めてです！」と、いつも驚かれます。

もちろん「完成図書」の作成は、たくさんの図面や写真、書類を整理しなければならないので、とても時間と手間がかかります。また一方で、お客様にもたくさんのことを着工前に決めてもらわなければなりませんので、ご面倒をおかけすることも多いのですが、「完成図書」は正確な施工を促し、立派な「高性能住宅」をお引き渡しするために必要で大切なツールであることは間違いありません。

※「完成図書」……「お客様着工前最終確認書」「工事概要書」「求積図」「建物配置図」「各階平面図」「小屋伏図」「立面図」「断面図（2面）」「矩計図」「展開図」「基礎伏図」「基礎凡例図」「各階耐力壁伏図」「壁量計算表」「柱接合部判定表」「各階換気経路図」「外皮性能算定図」「共通標準詳細図」「仕様書」「電気配線図」

これらの図面が着工前に揃うと、着工時点ですべての発注を済ませることが可能なので、現場監督や大工棟梁などが、納まりなどを現場で悩むことがなく、着工後はほぼ変更工事が発生しません。

事前に「完成図書」を揃えて着工することで、大工さんの勘に頼るしかなかった今までの現場を卒業できて、さらには結果的に正確な施工が可能になるのです。

⑦

誠実な施工にこだわる

「美しい現場・魅せる現場」：完成度の高い気持ちの良い施工

我が社では、社員が部署に関係なく自発的に集まって行う委員会活動が盛んです。その中に**「美しい現場委員会」**という委員会があります。お客様の大事な「建築現場」をできるだけ美しくしたいという思いを、現場監督に任せきりにするのではなく、社員全員で推進しよう、ということで始まりました。

当初は、毎月日時を決めて、経理や受付など普段は現場に触れることがない内勤の皆さんも含めた全社員で、そのとき工事中のすべての工事現場を手分けして訪問し、近隣も含めて清掃をして帰ってくるという、啓発的なパフォーマンスでした。いつも現場を見ていないスタッフに、さまざまな気づきを与えてくれる機会でもありました。

それがいつの間にか「裸足で上がれる現場を目指そう！」というレベルにまで発展し、今では職人さんたちの**1日5回の清掃**（①朝出勤時、②午前10時、③お昼休み、④午後3時、⑤帰る前）が徹底されるようになり、今や、健康住宅の現場は、どこへ行っても驚くほどきれいに片づいています。

現場で仕事をしている大工さんからは当初、「そんなに掃除ばかりしていると、釘を打つ暇がない……」といった苦情が多くありました。しかし『美しい現場』に共感してくれる大工さんが現れ、ある現場が驚くほど美しく、その状態の写真が前述の「パートナー勉強会」で紹介され、お施主様からのお礼の動画などが報告されだすと、それらが職人さんたちの「やりがい」に火をつけ、いつの間にか各現場が競うようにきれいになっていきました。

現場の清掃がエスカレートしていったのは、「やりがい」や「競争心」だけが理由ではありません。「美しい現場」は、大工さんにとって、いいことばかりであることが、本人たちにもわかってきたのです。

第1に、実は「美しい現場」の工期（工事期間）が短縮され、その結果、大工さんの収入が増えたのです。現場がきれいで材料や道具の整理整頓が徹底されると、作業効率が高まり、手際がよくなって、間違いも少なくなりました。当然、出戻り工事（勘違い施工や現場監督の検査不合格部分をやり直す工事）などが驚くほど減り、どの現場も工期が短縮されたのです。

大工さんは、いわゆる「手間受け」ですから工期に関係なく手にする報酬は変わりません。なので、工期が短くなると彼らの収入は結果的に増えるのです。

第2に、先程もお伝えしましたが、お施主様に喜ばれ、驚くほど感謝されます。

ふいにお施主様が訪れたときに、ビックリするほど工事現場がきれいで整理整頓がなされていると、それだけで本当に心から喜んでくださいますし、ご入居後、近隣の皆さんとの関係を良好にスタートできたことなどを耳にするにつけ、褒めてもらうような機会がめったになかった職人さんたちにとって、それは照れくさいながらも、仕事への大きなモチベーションにつながっています。

第3のよい点は、いつも掃除をするクセをつけてやっていると、お施主様というよりは、むしろ大工さん自身が「気分がよい」ことを実感してくれることです。

今や、大工さんの多くが、「お施主様は一生に一度の買い物をするんやから、自分も一生に一度のつもりで仕事せんと罰が当たりますよ」というようなことを普通に口にしてくれます。

実は、できる職人さんほど、仕事をしながら手際よく掃除をします。合理的で無駄がありません。掃除というひと手間をかけることで作業効率を高め、結局は作業時間を短くして自分の収入を増やしていることがわかります。プロとはそういうものです。「美しい現場委員会」という、思いつきのような活動が、今や、現場の大工さんのプロ意識を醸成してくれています。

大工さんたちの服装にもだらしなさがなくなり、気のせいか笑顔が増え、皆さん人柄がよくなったような気がします。

多分、大工さんたちの「心」の中もきれいになったのだと思います。

職人さんたちの１日５回の清掃が徹底される

⑧

建物の点検にこだわる

「永続点検」：持ち主が変わっても点検は続く

健康住宅には「永続点検」という仕組みがあります。これまで我が社がお引き渡しした住宅は１８００棟を超えますが、そのすべてに、原則として、年１回の点検を半永久的に続けていくというものです。もちろん、これから竣工していく家も同様です。家をどこで建てるかを考えるとき、ほとんどのお客様は、アフターメンテナンスをしっかりやってくれるかどうかを重視されます。

家は何十年、いや１００年、２００年と使われ続けてしかるべきで、そのためにはメンテナンスが欠かせません。プロの目で定期的に点検して直すべきところをチェックすることは、将来の管理費用の面でも、「我が家」の寿命の面でも大切です。

しかし、地域の工務店や住宅会社をはじめ、全国規模の大手ハウスメーカーであっても、お客様が本当に満足するアフターメンテナンスは必ずしも実現できていません。我が社が「年に1回の永続点検」を打ち出した2000年頃、同業の友人たちから、真顔で「バカなことはやめたほうがいい」と助言されました。

確かに現在、お引き渡しは1800棟を超える訳で、年に1回とはいえ、訪問と点検だけでも膨大な作業になります。イレギュラーな依頼が入ることもあれば、一日に何件も仕事が重なることもあります……しかし、これらのすべてが、いわゆる「お客様満足」に大きく寄与しています。

そもそも「お客様満足」はどのような場面で出現するのでしょうか?

私の勝手な推測ですが、多分その満足の度合いが「予想を超えた場合」だと思います。本書のプロローグ、あるいは第1章、第2章で、あるいはこの章で、何度もお伝えしてきましたが、きちんと施工された「高性能住宅」であれば、お引き渡し後の「ホッとする空間」の、「居心地」や「住み心地」が経験したことのない「予想を超えた」ものである場合が多く、非常に「お客様満足」が出現しやすい環境にあることは間違いありません。

しかし、実はもう一つ「お客様満足」が出現しやすい場面があります。それは、「地場の住宅会社の、お引き渡し後のアフターメンテナンスがとても充実している場合」です。

なぜ、地場企業なのかというと、一般的には、日本のあちこちで地域に密着して年間数棟〜数十棟の建築をこなして頑張っている住宅会社の多くは、やりたくても、現実的に、アフターメンテナンスに時間と費用をかけられない場合が多いからです。

資金難や人材の不足は地場企業にはありがちです。そのことをある程度理解したうえで、担当者の人間的な魅力などを天秤にかけ、あえて我が社での建築を決断されたご家族も多いはずです。

逆に、大手住宅会社で、比較的割高の価格でご契約した場合はどうでしょうか？大手住宅会社であれば当然、というような意識も手伝って「アフターメンテナンスの充実」への期待は非常に大きいはずです。

しかし、現実的には、大手住宅会社の中にもリストラや経費削減に追われ、とてもアフターメンテナンスどころではない企業も存在します。

そんないろいろな情報が交錯している中、例えば地場企業である私たちが、

「自分たちが建築した住宅には、年に一回必ず定期点検にうかがい、換気装置や浄水器などの点検を行います。その住宅の所有者が変わっても、この『家』が存在する限り、この点検は永遠に継続いたします……」

などと、打ち出したとしたらどうでしょうか？

まず、皆様に信用していただけないはずです。「地場企業なんてすぐに倒産してしまうから意味ないよ」などという方もいらっしゃるかもしれません。

しかし、これを本当に実行するのです。我が社では、この継続点検を創業の二年後（2000年）にスタートさせ、以来お引き渡し一棟目にさかのぼって全棟で続けています。この「永続点検」を打ち出した頃、日本の住宅業界は「売りっぱなし」がごく普通の時代でした。しかし、やってみると、決して難しいことではありませんでした。財務的には、到底大幅な黒字は望める部門ではありませんが、何とか赤字を出さずに推移できています。

最近、ご入居後10年を超えたお客様などから、リフォーム工事のご依頼を直接いただくことが多くなってきました。そんな特命のリフォーム工事で得た利益でどうにかアフターメンテナンス部門の人件費が賄えています。まさに「継続は力なり」です。

⑨

建物の価値にこだわる

「建物価値保証」：ローン残高を超える建物の価値

日本の木造住宅は、金融業界の常識では寿命が20年です。つまり、20年経ったら建物の価値は「0円」になってしまうのです。

例えば、新築の20年後に自宅を売却しようとした場合、その家がどんなに立派であっても、買い主に組めるローンの金額はその建物が建つ土地の価格だけなのです。

仮に、20年前、1500万円の土地に2500万円で新築の木造住宅を建て、土地建物合計4000万円かけていた場合……、20年前に1500万円であった土地が現在2000万円になっていたとしたら、20年後の今、その築20年の土地建物を売却する場合、建物の価値は「0円」なので、買い主は土地価格の2000万円までしかローンが組めないのです。

もちろん、建物の性能が低く、結露・カビ・腐朽菌などが木材を腐らせ、20数年で本当に朽ち果てていた時代であればそれでよかったのかもしれませんし、だれも気に留めていなかったのだと思います。

しかし今は時代が違います。

きちんと施工された「高性能住宅」の寿命は飛躍的に延びています。

そしてもちろん、たとえその家が「終（つい）の棲家（すみか）」のつもりではあっても、いろいろなご家族の事情で売却する可能性は決して低くはありません。

一般社団法人長寿命住宅普及協会という組織があります。ここに実質的なトップである唐澤一雄さんという専務理事がいらっしゃいます。とても温和な方です。

5年ほど前にお会いしたとき、そんな日本の金融業界の常識を憂えて、今のままでは真面目に家づくりに取り組む中小工務店が大手住宅メーカーに呑み込まれてしまう……と熱く語ってくださいました。

彼の開発した「ベストバリューホーム（建物長期保証支援事業）」という仕組みは、そんな日本の金融・住宅業界が抱える「大人の事情」に一石を投じています。

ひと言でいうと、良質な家づくりに取り組む住宅会社を束ねて、互助会のような仕組みを組織することができれば、土地の価値に頼らないで、少なくともローン残高を超える「建物の価値」を保証できるはずだし、その計算も成り立つ……というものです。

ここではその細かい仕組みの説明は割愛しますが、２０２３年現在、この「ベストバリューホーム」の理念に賛同する数行の金融機関、及び70社ほどの住宅会社が集い、運営をスタートさせています。乞うご期待です。

お客様と社員の皆さんの存在

「ハウス・オブ・ザ・イヤー」12年連続受賞

私たちは創業以来、ここまで駆け足で述べてきた「高性能住宅」だけをお客様にお届けしてまいりました。

会社を設立して3年目、2001年の春、私たちが開発し、改良を重ねてきた「高性能住宅」は、一般財団法人建築環境・省エネルギー機構（当時）から「次世代省エネルギー基準適合住宅」であるという評定を受けました。

これは、国土交通省が定めた厳しい基準をクリアした「高性能住宅」だけに与えられた認定です。良質な断熱性能を持ち、エネルギー消費を軽減できる、21世紀の環境に適した省エネ住宅であるという意味です。

この評定に合格したのは、九州では我が社が「3社目」、福岡県では「初」という快挙でした。

その後、我が社の「高性能住宅」は改善を繰り返し、２０１１年の「ハウス・オブ・ザ・イヤー」の初受賞以来、２０２２年まで、12年連続（２０１２年は東日本大震災の影響により非開催）受賞を続け、２０１７年には３００を超える応募の中から、２０２１年には４００を超える応募の中から、２度も「大賞」に選出されました。回数が多ければよいという類の賞ではありませんが、複数回の受賞は全国でも珍しく、九州では健康住宅だけです。

これもすべて、いつも我が社を応援してくれる「お客様」とそれに応えようとする「社員の皆さん」の存在のおかげです。心より感謝しています。

今まで話してきた真の「高性能住宅」は、居心地がよく、長持ちします。なぜそうなるのか、その理由もきわめて理に適（かな）っています。

何度もお伝えしていますが「家」は決して、単なる「物」ではありません。

そこにお住まいになるご家族の「やすらぎ」や「くつろぎ」、あるいは「穏やかな笑顔」など、すべてが含まれた「空気感」を総称して『家』と呼ぶのです。

「家族が仲よく穏やかで、人生を楽しく豊かに生きる」

その夢を実現するために、私たちは人生を懸けて家づくりに取り組みたい……心より、そう思います。

我が社では、家づくりが完了し、お引き渡しも無事に終わり、お客様がそこで暮らし始めたそのときから、お客様との本当のお付き合いが始まると考え、さまざまな取り組みやイベントを継続しています。お客様が、いろいろな思いで手に入れた『心地よい家』の近くにいつもいたいと思うからです。

その実際の活動を、次の第4章でご紹介したいと思います。

第4章

ご入居後に始まる本当のお付き合い

「高性能住宅」と「いい人」がお客様を幸せにする

「着工式」を行う理由

お客様との関係を大事にしたいとの思いは当然、着工後も続きます。

しかし、担当者も会社も、心の中でいくら「お客様を大切にしたい……一生懸命家づくりに取り組みたい」と思っていても、それだけでは伝わらないこともあります。

そこには多少のパフォーマンスも必要です。

ご契約をいただき、完成までのスケジュールも決まり、いざ着工となる前に、私たちはお客様をある個室にお招きします。そこで楽しく**「着工式」**を行います。

着工式は、多少大げさに、そしてにぎやかに執り行います。

これは、私たちからお客様への、大切な「ある宣言」でもあります。

当然のことながら、注文建築の家づくりは、お申込み前後から着工までの計画段階では完全にお客様主導で進みます。夢をうかがい、具体的で細かな希望を教えていただき、予算の範囲内で慎重に間取りや材料などをご提案していきます。そして、最終的な予算が決まり、正式な請負契約書を取り交わし、いよいよ着工となります。

ところが、着工すると、舞台は建築現場に移ります。資材が届き、職人さんが動き、工事が始まります。

にぎやかで楽しい着工式

この時点で、実はもうお客様は後戻りできないのです。

着工前であれば可能であったかもしれませんが、私たちがよっぽど大きなミスを犯さない限り、着工してからのキャンセルとなると、大変大きな違約金が発生します。

つまり、着工を境に立場が逆転し、そのことに「ハッ」と気づいたお客様の多くは不安を感じてしまうことが多いのです。

お客様の多くにとって家づくりは初めてです。建築現場は、住宅会社の現場監督や大工さんなどプロの職人さんに任せるしかありません。

建築会社の担当者から説明をしてもらわない限り、進行状況など、現場で起こっていることは知るすべもありません。現場の職人さんたちは何となく怖いし、意地の悪い大工さんだったらどうしよう……。

そんな不安を感じるのは決して珍しいことではありません。

だからこそ、できるだけ温かい雰囲気の「着工式」を執り行うのです。

お客様をお招きし、社長や担当者はもちろん、その時点で会社にいる社員の多くが、できれば担当する大工の棟梁にも加わっていただきます。

「大丈夫です！　ご心配には及びません！　これから全員で力を合わせ、まじめに誠実に家づくりに取り組みます！」

担当者のお手紙とともに、そう宣言するのです。

最後は全員で「お幸せに～！」の掛け声とともに、ご家族の幸せな人生をお祈りしながら記念撮影です。

着工までのいろいろなことを思い出し、感動して涙を流される奥様も珍しくはありません。私もたいがい目が潤んでしまいます。

「ありがとうＤＶＤ」の上映

工事が無事に完了すれば、お引き渡しです。

家づくりプロジェクトの最後のヤマ場ですから、ここでもできるだけ感動的な「セレモニー」を目指します。

担当者によってはサプライズを演出することも多いので、具体的な表現は割愛しますが、メインイベントは、「ありがとうＤＶＤ」の上映です。

我が社の担当者などがあらかじめ撮影しておいた、ご計画から、ご契約・着工・完成まで、あるいは解体前のご自宅や現場での折々の様子などを7～8分のＤＶＤに編集します。お客様は新しいご自宅で初めてこのＤＶＤをご覧になります。

現場で図面を見ながら担当者の話を聞く奥様の真剣なまなざし、施工中のお風呂場で体を洗うふりをする子どもたち、棟上げが終わり、屋根を見上げるご主人、そんな表情の数々が記録に収められています。

お客様は……お引き渡しの後、10年、20年と時間が経過してからこのＤＶＤをご覧になることがあると思います。そのＤＶＤの中には、家づくりに悩んだ頃の若い自分たちとやんちゃな子どもたちの笑顔や元気だった頃のご両親が息づいています。バックには当時流行っていた曲が流れているかもしれません。

最近、撮影・編集を行うスタッフたちは驚くほど腕を上げました。

毎回泣かされる担当者も少なくありません。

年に1回の大同窓会「お客様感謝イベント」

弊社では、年に1回、毎年春先に**「お客様感謝イベント」**を開催しています。

通常、住宅会社が主催するこの類の「イベント」は、これから家を建ててくれるかもしれない人たちを集客し、売り上げにつなげようとするのが常ですが、この「お客様感謝イベント」は我が社で家を建築し、ご入居済のご家族様だけをご招待します。なので、いつもほとんど「大同窓会」です。

潮干狩り大会、地引網大会、夏祭り、バーベキュー大会などなど……。毎年定員500人とアナウンスして募集させていただくのですが、結局いつも700~800人の参加になってしまいます。私たちにとっては、家づくりのとき走り回っていた子どもたちが、中学生、高校生と成長していく姿に出会える日でもあるし、そんなご家族の幸せな様子を垣間見ること自体、私たちの大きなエネルギーの源です。

　全社員が「私たちは何のために仕事をしているのか……」をあらためて確認できる大切な日でもあります。

年１回の「お客様感謝イベント」

毎年、2棟に1棟がご紹介！

第1章で少し触れましたが、最近は、お引き渡しが終わったお客様から新たなお客様をご紹介いただくことが増え、毎月ご契約いただくうちの半分以上がご紹介、という月も多くなりました。これはかなりレベルの高いご紹介率だと思います。

ご紹介をいただけるということは、住宅会社にとっては何より嬉しいことです。ほとんどの場合、お客様が我が社のPRをしてくださったあとに私たちが登場する訳ですから、非常に営業もしやすいのです。

しかし、実はそれよりも、お客様の大切なご友人、ご親戚、関係者の方々に我が社の家づくりを経験者としてすすめていただけて「いい家だよ、いい会社だよ」とおっしゃっていただけること自体がホントに幸せなことだなあと思います。

当然のことですが、ご紹介はお客様にとって決して軽々しくは行えません。家づくりは人生の一大イベントです。その家づくりが失敗したとしたら、確実にその方との関係が壊れてしまうからです。

お引き渡し後も、きちんと点検をしてくれるから、定期的にイベントをしてくれるから、営業マンから求められるから……それだけで友人を紹介する……、そんな気持ちにはなかなかなれないと思います。

なので、当然ですが、ご紹介をいただける私たちこそが、襟を正して真摯に受け止め、洗練された立ち居振る舞いをも心がけないといけないと思います。

「1カ月訪問」でお客様の本当の声を聞く

ある時期から我が社では「お引き渡しが終了してからが、お客様との本当のお付き合いの始まり」という価値観を全社員で共有し、さまざまな会社の決め事を実践するようになりました。

さまざまな決め事の中の一つにご入居後の「**1カ月訪問**」があります。

「1カ月後」に訪問するのには理由があります。

入居されて1カ月くらいたてば、もう残工事もほとんど終わり、お客様からのご入金など、一連のお取引がすべて終了して、お客様と住宅会社が純粋に対等の関係になれるのが、実はこのご入居「1カ月後」頃なのです。

お客様にとっては、家づくりの記憶も含めて、一番ホットな時期といえますし、住み心地の感想、工事中の残念だった小さな事件、会社に対する不満や期待など、よいことも悪いこともこのタイミングだからこそ聞ける話も多いのです。

実はこの「1カ月訪問」はかつて、社長である私が全棟一人でうかがっていました。2010年頃にスタートし「コロナ禍」で中断するまで約10年間続きました。

お引き渡しは月に10棟を超えることもあり、どうしてもご訪問は土曜日と日曜日に集中してしまうので、10年間、土日はほとんどこの仕事でゆっくりできませんでしたが、私にとっては意味のある素晴らしい10年間でした。

当然のことながら、神妙にお詫び申し上げる場面にも何度も遭遇いたしましたが、この「1カ月後の社長訪問」は確実に我が社の進化を早めてくれました。

実はある時期から、ご訪問時、私がビックリするくらい歓待してくれることが多くなりました。工事中のハプニングやエピソードなど、楽しい話題のほうが圧倒的に多かった気がします。

嬉しそうに語ってくださるご夫婦を見て、私はホントに幸せな気持ちになれていましたし、お客様にこんなに喜んでいただけるのは、完成した新居が「高性能」であるからだけではないと思います。

担当者がみな「いい人」たちだからではないかと思うのです。そうでなかったら、こんなに喜んで、楽しそうに話してもらえないと思うのです。ですから、実は私の「1カ月訪問」は、私が社員さんへの感謝を実感できる大切な日でもありました。

この「1カ月訪問」は2023年から一部再開しています。

今まさに、この大切な仕事を、今後の健康住宅㈱を支えてくれる者たちにバトンタッチの真っ最中です。

エピローグ

GOOD COMPANY with GOOD PEOPLE

「いい人」と「いい会社」の好循環

工務店や住宅会社で、ご契約の約半数が「お客様からのご紹介」というのは、実は大変な数字です。この数字を聞いて驚く方も少なくありません。

年間数千棟、あるいは数万棟の建築をしている大きな住宅会社は、紹介の多い下請け工務店に優先して仕事を回すことで、ご紹介を促しているという話を聞いたことがあります。

そんないろいろなバイアスがかかった数字ではなくて、すべてが純粋にお客様の信用から出たご紹介であれば、多分、そのご紹介率は年を経るほどに上がっていくはずです。

やがてご紹介だけで年間のすべての受注が賄える「ご紹介受注100%」という夢のような状態も不可能ではないかもしれません。

ご存知かもしれませんが、住宅業界は、家を建ててくれるかもしれないお客様に巡り会うために驚くほど多くのお金を使います。一般的には売り上げの10%近くを「広告宣伝費」や「営業マンに支払う歩合給」などに費やすといわれています。10%となると、2500万円の受注で2500万円、10棟受注するのに2500万円かかるということです。

ご紹介受注が多くなると、それらの経費が半減します。当然、売値を変えずに、仕様や性能のアップに予算が使えますし、社員は皆、今よりさらに自分を磨くことができます。

工事中、あるいはお引き渡し後の「お客様第一主義」は、現在よりもさらに強く打ち出すことができますので、お客様の満足度はさらに大きくなるはずです。

そうなると当然のことですが、社員の多くが毎日の仕事の中で幸せを感じ、それを家庭に持ち帰ることでしょう。そんな一家の大黒柱と暮らす彼らの子どもたちは本気で我が社への入社を希望してくれるかもしれません。

私たちの「いい人（GOOD PEOPLE）」の遺伝子は、少しずつ濃くなってゆき、会社は徐々に「いい会社（GOOD COMPANY）」へと変化を続けます。

この好循環は半永久的に続く訳です。

少し大げさですが、これこそが第1章の冒頭で少しお話しした「誰もがうらやむユートピア」ではないかと思うのです。

新たな「新幹線プロジェクト」

２０１７年8月1日、健康住宅㈱は「新幹線プロジェクト（7年計画）」を発表しました。

残念ながら「コロナ禍」という強烈な逆風の中、下方修正を余儀なくされましたが、実はこの「新幹線プロジェクト」の名前には大切な意味があります。

「非常に『馬力』のある『蒸気機関車』に対して、1台では大きく『馬力』の劣る『新幹線』が、なぜあんなに速いスピードで走れるのか？」

その答えは、

「『新幹線』には各車両にエンジンが付いているから……」です。

「『蒸気機関車』はエンジンを持たない多くの客車を1台で牽引しているから、せいぜいあのスピードしか出せない……」

「私たちも『新幹線』のように、社員一人ひとりがエンジンを持って、人に愛されるカッコいい人生を歩こう！」

……そんな意味が込められています。

もちろん、どんなに素晴らしい理念を掲げ、どんなに素晴らしい商品を提供しても、素晴らしい人格を持った人たちが集まる会社でなければ愛されることはありません。

我が社の経営ビジョンは、

『GOOD COMPANY with GOOD PEOPLE』
『いい人がたくさんいるいい会社』

です。

当然のことながら、まだまだ『GOOD COMPANY（いい会社）』には程遠く、私など、偉そうなことを言うばかりで、とても『GOOD PEOPLE（いい人）』にはなれていません。

私たちの目指すゴールは、まだまだはるか彼方の夢物語なのかもしれませんが、自ら信じる道の先に明確なビジョンを描くことは、幸福に生きるための大切な手段だと思います。

今現在、それを一緒に目指すべくエンジンを秘めた、あるいはエンジンを手に入れようと歯を食いしばる多くの若者に囲まれていること自体、ホントに幸せだなあと感じています。

2020年代のはじめ、私たちは未曽有の『コロナ禍』を経験し、大きく時代は変わりました。

しかし「家」を建てようとするご家族の「真の思い」は今も昔も、そしてこれからも何も変わらないと思います。

今もなお、めまぐるしく月日が流れ、まるで独楽鼠（こまねずみ）のように走り回る日々が続いています。お引き渡しをさせていただいたご家族の「頑張ってるみたいだね」というお言葉に励まされる毎日ですが、これからもしっかりと前を見据えて、社業に邁進したいと思います。

おわりに

２０１８年８月１日、健康住宅㈱は創業20周年を迎えました。
左の一文はそのときの業界新聞に掲載された記事の一部です。短い文章に当日の流れが簡潔に紹介されているので、許可をいただき、転載させていただきます。

《午後６時から始まった20周年記念の式典で挨拶に立った畑中社長は、今日（８月１日）は大濠花火大会当日で、平日の夜であるにもかかわらず、当初目標としていた５００名を大きく上回る１５００名の参加者に感謝を述べ「本日、オープニングで演奏をしていただいたピアニストの吉田あかねさんは、実は20年前の我が社の受注１棟目の吉田様の当時高校生だったお嬢様」であることを明かし「20年間で１３６９棟のお引き渡しをさせていただきました。その祝宴を少し背伸びしてホテルオークラで開催したのは、実は我が社が社員３人で創業した20年前にこのホテルも開業し『いつかこんな立派なホテルで周年記念をしたい』という憧れがあったからです。今日は多くの皆様にご参加いただき本当にありがとうございます」と挨拶した。

このような周年事業では通常、来賓挨拶、祝電披露などが長々と続くものだが、この祝宴では畑中社長の手短な挨拶と20年来の親交のある㈱トクヤマ（山口県周南市）の楠正夫会長による乾杯の音頭のみというシンプルさ。「健康住宅の末永い『健康』を祈念します」と挨拶、乾杯の音頭を執った。

会場では歓談の輪が広がり、立食にもかかわらず宴がお開きになるまで途中退場者はほとんどなかった。

最後に檀上から畑中社長が式典参加への謝辞を述べ「30周年、40周年にも皆様を必ずお招きしますので、ぜひお楽しみにされてください」と締めくくった。》

この日は、私たちにとって「努力は必ず報われる」「お天道様は必ず見てくれる」……そんなことが実感できた人生最良の日となりました。

もちろん、ここがゴールではありませんし、今我が社には、「理念とビジョン」を理解し共感する、あるいは共感しようと努力する、あるいは後継に意欲のある優秀な人財が育ちつつあります。

未来は思考の中にあります。エベレストの頂上には、立とうと思わないと絶対に立てません。気が付いたらエベレストの頂上に立っていた……なんてあり得ない訳です。

私はある尊敬する恩師から「生まれつき立派な人はいない」という言葉をいただいたことがあります。

「生まれたときから立派な人間なんておらんよ……来る日も来る日も、立派になろう立派になろうと頑張り続けた人が、いつの間にか立派になるんだ……心配するな」いろいろなことで悩んでいた当時、この言葉を聞いて肩の力が抜け、あきらめなくていいんだと胸が熱くなった覚えがあります。

私には人生の目的があります。

家族からは「うちのお父さん」、友人からは「あいつ」、そして社員さんからは「うちの社長、あるいは会長」、その時期によって呼び名は違うと思いますが、私が死んだときに「うちの社長、よく頑張ったよな……」と言われることです。

かなり漠然とした人生の目的ではありますが、日々、そんなことを想像しながら、今日も立派な経営者を目指して頑張りたいと思います。

最後までお付き合いいただき、ありがとうございます。

手前味噌な話も多く、どう伝わったのかははなはだ不安ですが、何か一つでも参考になったとしたら、それ以上に嬉しいことはありません。

本当にありがとうございました。

著者記す

装幀：小口翔平＋畑中　茜（tobufune）

〈著者略歴〉
畑中　直（はたなか・すなお）
健康住宅株式会社代表取締役。1959年、福岡県生まれ。上智大学文学部を卒業後、大手マンションメーカーの営業を経て、地元福岡で父の経営するマンション・一戸建て分譲会社に就職。バブル崩壊により100億円近い売り上げをあげていた父の会社が困窮、その清算に奔走した経験により現在の手堅い経営を根底にすえる。九州でいち早く「高性能住宅」に着目し、1998年、健康住宅株式会社を設立。
省エネ住宅を評価する「ハウス・オブ・ザ・イヤー」の12年連続受賞、いい家づくりのための「社員大工制度導入」、住宅営業マンが顧客に永続的に向き合える「歩合制の撤廃」など他社も驚く実績や改革により、テレビ・雑誌、「働きがいのある会社ランキング」など取材で取り上げられている。経営理念は『正道を行く』。

https://www.kenkoh-jutaku.co.jp/

夏はヒンヤリ 冬はぽかぽか
「高性能住宅」９つのこだわり

2023年4月3日　第1版第1刷発行

著　者　畑　中　直
発行者　村　上　雅　基
発行所　株式会社ＰＨＰ研究所
京都本部　〒601-8411　京都市南区西九条北ノ内町11
マネジメント出版部　☎075-681-4437（編集）
東京本部　〒135-8137　江東区豊洲 5-6-52
普及部　☎03-3520-9630（販売）

PHP INTERFACE　https://www.php.co.jp/

組　版　朝日メディアインターナショナル株式会社
印刷所　株式会社光邦
製本所　東京美術紙工協業組合

ISBN978-4-569-85422-9